人は死んだらどこへ行けばいいのか

現代の彼岸を歩く

佐藤弘夫
Sato Hiroo

興山舎
KOHZANSHA

はじめに

死者を家々に招き入れる行事

日本には四つの季節があります。この列島に住む人々は四季だけでなく、そのあわいにある微妙な気候の変化を読み取り、それをさらに細かな節気（せっき）に区分して生活の節目としてきました。

そうした季節の変わり目を刻む行事として大切な役割を果たしてきたものに、各地の死者供養の儀式があります。なかでも春秋のお彼岸や夏のお盆の墓参は、ほとんど国民的行事となっています。人は真西に沈みゆく彼岸の太陽に故人の面影を偲び、送り火の炎を揺らす風の匂いに夏の終わりを感じ取ったのです。

お盆には残された者が墓参りするだけでなく、死者を家々に招き入れる行事も各地で盛んに催されました。いまは行われる地域も少なくなりましたが、お盆には各家庭に先祖が滞在するための精霊棚（しょうりょうだな）が設けられ、お盆の入りには迎え火が焚かれました。精霊棚には死者が乗るためのキュウリやナスで作られた馬と牛が用意され、ほおずきの枝が手向けられました。

死者は物質的なレベルでは実体を失った存在です。墓に残されているのは朽ち果てた遺体であり、火葬された骨にすぎません。遺体や骨にしても、時間が経てばすべて消滅してしまいます。墓に向かって語りかけても返事が返ってくることはありません。

にも関わらず、私たちがすぐに死者を忘却の彼方に追いやることはありません。折々に故人の元に出かけ、その生前の姿を思い浮かべては懐かしい思いを抱き、しばし死者と時間と空間をともにするのです。死者があたかもそこにいるかのように振る舞い続けるのです。

人類が築いてきた死者の世界

振り返ってみれば、太古の昔から今日に至るまで、死者のために行われる葬送儀礼を欠く社会はありませんでした。なぜ、私たちはいつまでも故人を忘れ去ることがないのでしょうか。どうして、この世に存在しない人々を、繰り返し想起し続けるのでしょうか。

人間は死を運命付けられた存在です。例外はありません。死は誰も経験したことのない出来事ですが、みずからの存在がこの世界から消えうせてしまう恐怖は、それを体験しない者でも十分想像することができます。死は、この世界で営々と築き上げてきた人間関係と地位・名誉・財産すべてを、一瞬にして消滅させます。人は現世で獲得したもの一切を失って、誰に伴われることもなく、ただ一人、未知の世界に足を踏み入れなければならないのです。

死後世界が実際に存在するかどうかという議論には、ここでは立ち入りません。むしろ重要なのは、これまでの人類の歴史において、その実在が所与の前提とされてきたことです。死者の世界をイメージしない民族は、この地球上にかつて一つも存在しませんでした。

今日に至るまで人類が築き上げてきた文化を振り返ってみれば、そこで常に大きな割合を占めてきたのは生者と死者の交渉に関わる儀礼でした。仏教が生・老・病・死の「四苦」への対応をその出発点としたように、いわゆる「宗教」の圧倒的な部分も、死に関する領域で占められていました。それは日本列島でも同様です。この列島には、死者を供養することを目的とする多様でぶ厚い儀礼の蓄積が存在するのです。

しかし、その伝統はいま大きく変貌を遂げているように見えます。「直葬（ちょくそう）」といわれる、火葬を行うのみで他の葬送儀礼を伴わない死者の扱いが増加しています。パウダー状にした遺骨を海や山に帰す「自然葬」、森に骨を埋める「樹木葬」など、墓を作らない葬法も珍しくなくなりました。大方の日本人にとってお盆休みは海外旅行の好機であり、先祖との対話の時と考える人は少数派になりつつあります。葬儀のあり方、死者との付き合い方が、いま劇的に変化しているのです。

これは日本だけに見られる現象なのでしょうか。

この先に待っているのは、どんな事態なのでしょうか。

その変化は私たち日本人にとって、人類にとって、どのような意味をもっているのでしょうか。

私たちはこれから、人間という存在の本質に関わるこの問題を、じっくりと考えてみたいと思います。性急に結論を求めるのではなく、実際に生と死の交錯する現場を歩きながら、この列島の人々が数千年にわたって築き上げてきた葬送儀礼の伝統を振り返り、その背後にある死生観とその変化を探ってみたいと考えています。

人は死んだらどこへ行けばいいのか

——現代の彼岸を歩く

目次

装丁　長谷川葉月

第1部

中世―近世の他界観のゆらぎ

1

菩提寺の先祖代々の墓所から見えてくる死者と生者のあり方

遊仙寺　宮城県伊具郡丸森町

伊達家に仕える佐藤家の由緒

最初に皆様をご案内したいのは、江戸時代以来のわが家の菩提寺です。東北の片隅にある村落寺院から、生と死をめぐるささやかな思索の旅の第一歩を踏み出したいと思います。

私もまた多くの人々と同じく、お盆には故郷に戻って先祖の墓を掃除し、花と香を手向けることを習いとしてきました。わが家の先祖代々の墓地は宮城県の最南、福島との県境に位置する丸森町の小斎（こさい）というところにあります。江戸時代は伊達家に仕える小領主でした。遊仙寺（ゆうせんじ）という名の臨済宗妙心寺派寺院が菩提寺であり、その寺の裏手、かつての領地だった村を見下ろす高台の中腹に、江戸初期以来の歴代の墓碑、数十基が並んでいます（次頁の写真①②）。

佐藤家の祖先として、ここ小斎の地に最初に居を構えたのは佐藤為信（ためのぶ）という武将でした。佐藤家は為信の父好信（よしのぶ）の時代に、南相馬（みなみそうま）市の小高（おだか）を本拠とする相馬氏の家臣となりました。十六世紀中頃の天文年間のことといわれています。

やがてその功績が認められた好信は、軍奉行（いくさぶぎょう）という要職に任命されるとともに、海岸沿いの磯部という地に所領と城を与えられました。為信もまた父好信、兄清信（きよのぶ）とともに相馬家に仕えました。

① 佐藤家の菩提寺・臨済宗妙心寺派遊仙寺

② 遊仙寺にある江戸時代以来の先祖代々墓

相馬の家臣として順調に昇進を果たした佐藤好信に、やがて運命の転機が訪れます。突然、軍奉行の職を解かれた上、所有していた領地の半分を没収されるという処分を受けるのです。

真相は不明ですが、語り伝えられる伝承によると、相馬氏の重臣でありライバルであった桑（こ）

折左馬之助の讒言によるものといわれています。好信とその子為信はこれを無念に思い、左馬之助への強烈な復讐心を胸の奥深くしまい込みました。

好信が恨みを抱いたまま亡くなった後、為信は伊具郡小斎の柴小屋城（小斎城）の城代に任命されます。小斎の城は隣接する金山城とともに、当時、敵対する伊達氏に対する相馬方の最前線の拠点となっていました。佐藤氏と小斎の縁は、こうして始まるのです。

一五八一（天正九）年春、強まる伊達勢の圧迫に対抗するため、相馬氏は小斎城の強化を目的として百名ほどの加勢を送り込みました。その指揮者が、為信が恨みを溜め込んでいた宿敵、桑折左馬之助だったのです。その一行には為信の義弟である金沢美濃もいました。

父の遺恨を晴らす機会を窺っていた為信にとって、これは千載一遇の好機でした。折しも若き伊達政宗の初陣の時期に重なっていました。為信は伊達側に帰順の意思を伝えた上で、深夜、左馬之助の一行を襲撃し、左馬之助を斬殺しました。その配下の者も、ことごとく打ち果たしました。それを手土産として、伊達側に寝返ったのです。

この戦闘の混乱のなかで、為信勢は不本意ながらも義弟の金沢美濃を殺害する結果となりました。これに心を痛めた為信は、のちに美濃を祀った金沢明神の祠を建立し、その霊を慰めようとします。尾根沿いに続く遊歩道から少しばかり降った傾斜地に、深く茂った木々に覆われるようにして、石の鳥居がいまも残っています。

為信をめぐっては、もう一つのエピソードが伝えられています。相馬と伊達が和睦と離反を繰り返していたころ、豊臣秀吉による天下統一は目の前に迫っていました。戦国の乱世の最後を飾るかのように、一五九一（天正十九）年、いまの宮城県の北部の登米（とめ）市周辺で、かつてその地を支配していた葛西（かさい）氏・大崎（おおさき）氏の遺臣による反乱が勃発しました。いわゆる葛西大崎一揆です。伊達は秀吉からその平定を命ぜられ、一揆の拠る佐沼城を攻略すべく兵を差し向けました。その中に、為信に率いられた小斎勢がいたのです。

小斎勢は伊達軍の先陣を切って城攻めに取り掛かりました。先頭に立ったのは為信でした。城内からは、寄せ手に向けてしきりに鉄砲が射かけられました。その一弾が、城壁に取り付いていた為信に命中するのです。銃弾は兜の頭頂部の「八幡座（はちまんざ）」と呼ばれる部分に空いている小さな穴を貫いて、頭を直撃しました。為信はこうして壮絶な戦死を遂げるのです。このとき為信が着用していた鎧兜はその後、小斎にある鹿島神社に奉納され、今日に伝えられています。

江戸時代の藩主や当主の墓所

改めて、佐藤家の菩提寺である遊仙寺に話を戻しましょう。開山の時期は不明ですが、一六八〇（延宝八）年に佐藤易信が仙台の保春院第四世煙水自樵禅師を迎えて、現在の地に再興したと伝えられています。江戸時代を通じて、佐藤家の菩提寺として庇護されてきました。

その裏手の墓地に、江戸時代の初め以来の十数代にわたる先祖の墓碑が建ち並んでいます。大きなものは、高さが二メートルを超えます。いずれも縦長の自然石に手を加えて形を整えたもので、表には戒名が記してあります。歴代の当主の墓標に混じって、その奥方のものも建っています。元服前に亡くなった嫡男の小ぶりな墓石もあります。

藩祖の伊達政宗を祀る廟所「瑞鳳殿」

江戸時代の領主の墓地に歴代当主の墓が並ぶという光景は、決して珍しいものではありません。佐藤為信が仕えた伊達家も、佐藤氏とは比較にならない豪壮な歴代藩主の墓所をもっています。

奥州の覇者として仙台に本拠仙台城を構え、幕末まで続く雄藩の基礎を確立した初代藩祖の伊達政宗は、一六三六（寛永十三）年に仙台の地でその人生の幕を閉じました。その廟所として、仙台の街を眼下に見下ろす経ヶ峯の地が選ばれ、

大年寺山にある伊達家歴代藩主の墓碑群

桃山様式を持つ豪勢な廟所「瑞鳳殿（ずいほうでん）」が造られました（右頁の写真）。この建物は太平洋戦争末期に米軍の爆撃で焼失しましたが、その後、調査と復元が行われ、今日では再建されたその優美な姿を目にすることができます。

経ヶ峯には、政宗の子である藩祖二代忠宗（ただむね）の廟所感仙殿（かんせんでん）と、三代綱宗の善応殿（ぜんのうでん）も設けられています。いずれも瑞鳳殿と同時期に再建されました。四代藩主綱村（つなむら）以降は場所を変えて、南から市街を見下ろす大年（だいねん）寺山（じやま）に墓地が設けられました。いま新幹線で東京方面から仙台に入ると、この山を避けるために線路が大きく迂回しているのが分かります。大年寺山には三基のテレビ塔が立っていますが、その膝元に歴代藩主の巨大な石碑が建ち並んでいるのです（上の写真）。

伊達のライバルであった相馬氏の場合、歴代藩主の墓所は小高（おだか）（南相馬市）の同慶寺（どうけいじ）にありました。戦国時代に天台宗から曹洞宗へと改宗したこの寺は、江戸時代以降は相馬氏の菩提寺となります。同慶寺の墓地には、伊達氏と激しく伊具郡の覇権を争った十六代の相馬義胤以降、二十七代の益胤までの歴代藩主の多くと、その夫人などが葬られています。

自然石をそのまま用いた伊達氏の場合とは異なり、墓碑は五つの石を組み合わせた五輪塔の形態をとっています。義胤は、敵対する伊達領のある北方に向かって、甲冑を着して立ったままの姿で埋葬されたと伝えられています。

墓地に当主の墓が建ち並ぶ光景は、東北だけのものではありません。ＮＨＫの歴史ドラマ「西郷どん」で脚光を浴びた薩摩藩主、島津家の墓地は鹿児島の曹洞宗福昌寺に設けられていました。明治初めの廃仏毀釈によって寺は廃絶しましたが、広い敷地に代々の家長の墓地が連なっています。仏教式の葬儀を廃して神葬へと転換した一部の藩を除いて、これが江戸時代の各藩主の普通の墓のあり方だったのです。

戦国時代以前の墓所のありか

古い墓地に歴代領主の墓標が林立するという光景は、私たちにとって馴染み深いものですが、そこに並んでいる墓はいずれも江戸時代になってからのものでした。それ以前の戦国時代、さらに中世といわれる室町・鎌倉時代まで遡ったとき、これらの武将の先祖の墓はどこにあるのでしょうか。

この疑問に即答できる方は、ほとんどいないと思います。たとえば、江戸時代においてもっともよく知られていた徳川将軍家の場合を考えてみましょう。

初代の家康は駿府で亡くなった後、いったんは近くの久能山（くのうざん）（静岡市）に葬られました。その後、日光に廟所が設けられ、天海（てんかい）の意見を入れて「東照大権現」として祀られたことは周知の事実です。今日の世界遺産、日光東照宮です。

徳川将軍家の二代目以降は、江戸の寛永寺と増上寺のいずれかに墓所が設けられ、立派な石塔が建立されました。それでは家康以前の徳川氏の当主は、いったいどこに、どのような形で葬られているのでしょうか。

実は、中世にまで遡ったとき、徳川氏の歴代の墓の所在地は知られていません。系図の上では先祖を辿ることができても、墓地を見つけることはできないのです。事情は、伊達氏でも相馬氏でも同じです。戦国末から江戸時代の初めを境として、どの家においても墓の系譜はぷっつりと跡を絶ってしまうのです。

佐藤家の場合も同様です。小斎の遊仙寺の墓地に歴代佐藤氏の墓があることは先に述べました。しかし、そこにあるのは小斎の佐藤氏の四代目以降の墓です。三代目以前の墓の所在地は知られていません。あれほどさまざまな史料に名前が登場し、その事績が詳しく知られている初代の為信の墓は、ここにないのです。

もしここに墓がないとすれば、いったいどこに葬られたのか。村の人々や郷土史家の方々によって、長年にわたって為信の墓の探索が進められましたが、結果が出ることはありませんでした。

墓に名前が刻まれなかった訳

いまから二十年ほど前になるでしょうか、この疑問に答える一つの動きがありました。遊仙寺の墓地から南に五百メートルほど離れた、やはり村を見下ろすことのできる小山の頂上に、古くから「御廟（ごびょう）」とよばれる場所があり、古い石碑があることが知られていました。そこを調査したところ、件の石碑が、未発見の三代目の墓石であることが明らかになったのです。

しかし、わが家のルーツ探しはここまでが限界でした。そこからさらに遡った初代の佐藤為信の墓は、結局どこにも見つけることはできませんでした。彼が戦死した佐沼の周辺にも、その墓地として語り伝えられている場所は実在しないのです。

この原因はなんでしょうか。常識的に考えても、時代を遡れば遡るほど祖先の系譜を辿ることが困難になることは理解できます。しかし、それだけの理由でしょうか。江戸時代以降の墓石は、たとえ墓を守る者がいなくなっても、供養に訪れる人が消えてしまっても、石に刻まれた銘文によってそれが誰の墓標であったかを知ることができます。ところが戦国時代、十六世紀ぐらいを境に、日本中どこを尋ねても死者の名前を刻んだ墓石そのものが激減し、室町以前の中世といわれる時代になると、ほとんど姿を消してしまうのです。

それでは、この列島の中世人は、墓を残すことはなかったのでしょうか。実は中世でも墓は作られていたのです。佐藤氏は、源義経に仕えて戦死した佐藤継信・忠信の系譜を汲む一族ですが、その墓が福島市の飯坂温泉にあるお寺に現存しています。

しかし、実際に継信・忠信の墓といわれるものを見ると、現代人が思い描く墓のイメージとは似ても似つかないものであることが分かります。なによりも、そこに葬られているはずの人物の名が刻まれていません。継信・忠信の墓というのは単なる伝承であり、その確実な証拠はどこにもないのです。

私たちは次に、佐藤継信・忠信の墓を守る医王寺に実際に足を運んでみましょう。その地に立ち、彼らの墓とよばれているものを観察することを通じて、中世人がなぜ死者の名を刻んだ墓標を建てようとしなかったのか、その理由を探ってみたいと思います。

2

被葬者の名を刻まず遺骨を遺棄した中世に何が見えるのか

医王寺　福島県福島市

先祖の位牌を祀るための寺院

　歴代被葬者の名を刻んだ墓石の林立する光景は、江戸時代以降の墓地に特徴的な現象でした。では、それ以前の中世とよばれる時代には、墓は作られることはなかったのでしょうか。中世の墓の所在を求めて、福島県の飯坂（いいざか）温泉にある医王寺（いおうじ）を訪れました。

　福島県の飯坂温泉は、かつては東北有数の歓楽街で知られていました。いまは程よく落ち着いた温泉街の佇まいと奥州三名湯としての評判が、多くの旅行者を惹きつけています。福島市の北郊十キロほどに位置する飯坂温泉には、福島駅から「飯坂電車」とよばれる鉄道が通じていて、二両編成の可愛らしい電車が住宅や果樹園の間を縫うように走っています。

真言宗豊山派に属する瑠璃光山医王寺は、福島駅側からみて終着となる飯坂温泉駅から手前二つ目の医王寺前駅が最寄りの駅となります。医王寺前で下車して、住宅地の中を十分ほど歩くと、広い敷地を持った医王寺の伽藍に行き当たります。

医王寺は古くから、源義経を守って戦死した佐藤継信・忠信の墓所として知られていました。十二世紀の藤原氏の時代、信夫と呼ばれたこの地域は信夫庄司・佐藤基治の支配下にありました。医王寺は、寺伝によれば平安時代の初めに弘法大師によって開かれたといわれていますが、実際には基治の時代にその支援を得て、今日に続く寺容を整えたと考えられます。

折しも全盛をきわめていた平家に対する反抗が、各地で勃発した時期でした。平泉の藤原秀衡の庇護のもとにあった義経も、兄である源頼朝の蜂起に呼応して反平家の隊列に加わるべく、鎌倉を目指しました。義経は途中、佐藤基治の館に立ち寄り歓待を受けますが、その折に基治は息子である継信・忠信を従者として義経に差し出すのです。

以後、佐藤兄弟は影のごとく義経に付き従い、彼を支え続けました。兄の継信は四国の屋島で、義経を守って平家の矢を受け、命を落としました。弟の忠信は、義経一行が京都で頼朝方の軍勢に襲われたときに、義経の身代わりとなって戦死を遂げました。

二人の献身に深く心を動かされ、その死を悼んだ義経は、平泉への逃避行の途中で基治の元を訪ね、兄弟の遺髪を墓に埋めて追善供養を行ったと伝えられています。継信と忠信の妻が、息子を失って悲しむ乙和御前（おとわごぜん）を慰めようと夫の甲冑を身に着け、在りし日の勇姿を再現してみせたという話が、幸若舞（こうわかまい）「八島（やしま）」などに収録されています。

甲冑姿の二人の妻の像が、いま医王寺の本堂に、佐藤家歴代の位牌を守るかのように屹立しています。

一六八九（元禄二）年、奥の細道行脚の途次にあった松尾芭蕉は、継信・忠信の忠義を耳にし、その墓に詣でるべく医王寺を訪れました。佐藤一族の墓参りを終えた後、二人にまつわるエピソードを聞き、寺に伝わる弁慶の笈（おい）や義経の太刀を拝観した芭蕉は、その感慨を句に詠みました。

笈（おひ）も太刀も五月にかざれ紙幟（かみのぼり）

山門を抜けて医王寺の境内に入ると、奥の院にあたる薬師堂に向かって、樹齢数百年はあろうかと思われる杉木立ちに沿った長い参道が続いています。右手には赤い瓦を乗せた築地塀と内門があり、そこを抜けた先には佐藤家代々の位牌を安置した本堂があります。

中世の死者供養は板碑だった

佐藤継信と忠信の墓は、薬師堂の裏手に並んで建っています（写真）。人の背丈を遥かに超える巨大な石碑です。どちらも自然石を四角く加工したもので表面の磨耗が激しく、碑文を読み取ることはできません。江戸時代にはこの石碑を粉にして飲むと体が丈夫になるという噂が広がったため、表面を削り取る人が絶えませんでした。そのためでしょうか、石の中ほどがかなり窪んでいます。

すぐ近くには、二人の両親である基治と乙和御前の墓所もあります。こちらも自然石の碑ですが、息子たちのものに比べると、かなり小ぶりです。これらの石碑はいずれも鎌倉時代の建立であり、「板碑」と呼ばれるジャンルの石塔です。

佐藤継信・忠信の墓（医王寺）

板碑は中世を代表する石造物です。鎌倉時代から南北朝時代にかけての百五十年ほどの間に、東日本と北日本を中心に万単位の数の板碑が造立されました。医王寺にも全部で六十基ほどが残されており、これらは「医王寺石造供養塔群」として福島県指定の重要文化財になっています。

佐藤継信・忠信の墓と伝えられているものは、医王寺以外にも存在します。これは医王寺から車で一時間ほどの距離にある、宮城県南部の角田市（かくだ）の北郷（きたごう）にあるものです。上の写真の継信碑はほぼ畳一畳ほどの大きさです。忠信碑はそれよりも大きく、二百六十七センチの高さがあります。これらも医王寺のものと同じく、中世に造立された板碑です。どちらも自然石を縦長にして用いており、石碑の額にあたる部分が突出する形をとっています。これは山形や福島の板碑によく見られるタイプです。額の下は平らに削られていて、碑文を刻んだ形跡が見られますが、文字を読み取ることはできません。

板碑は死者を供養するために建立されました。後になると「逆修（ぎゃくしゅ）」といって、生前に自分の死後の安楽を願って建てられるものもできますが、死後の幸福の追求を目的とする点では共通していました。中世人もまた自身と縁者の冥福を願い、そのための事業を行っていたのです。

宮城県角田市にある継信碑

板碑と墓碑とは何が違うのか

前章で見た宮城県丸森町の臨済宗妙心寺派遊仙寺の墓碑

も、各地の大名の墓碑も、死者の安楽を願って作られたものでした。中世の板碑と近世の墓碑はどこが異なるのでしょうか。

死者を供養するための石碑という点では、板碑も墓碑も同じです。しかし、板碑には一つだけ、近世の墓碑と決定的に異なる点がありました。それは板碑には死者の名前が刻まれることがなかったことです。

ここにあげたものは、仙台市青葉区の片平にある仙台大神宮板碑です（写真）。板碑にはたいていの場合、梵字が彫られています。梵字が墨で書かれたものもあります。梵字があることが板碑の特色です。梵字はそれぞれ対応する仏が決まっていて、それを刻んだり墨書したりした石碑を建てることで、仏像を製作することと同様の功徳が得られると信じられていたのです。この板碑の梵字は碑面上部に彫られた躍動する文様で、「カーン」と読みます。これが不動明王を表します。板碑は礼拝の対象となるべき聖なる存在であっても、死者の所在地を示すための標識ではなかったのです。

仙台大神宮の板碑

もう一つ、板碑の実例を紹介しましょう。仙台市青葉区にある澱不動尊板碑は一二七三（文永十）年の紀年銘をもつ、宮城県でもっとも古い板碑の一つです。広瀬川が削り出した険しい断崖の下、石の鳥居をくぐった先にある小さな不動堂の境内に、しめ縄をかけられてひっそりと佇んでいます（写真）。

仙台市の澱不動尊と板碑（堂宇の左側）

この板碑には、正面上半分にキリーク（阿弥陀如来）・サ（観音菩薩）・サク（勢至菩薩）の阿弥陀三尊の種字（しゅじ）が刻まれ、界線を隔てた下半分には偈頌（げじゅ）と願文が記されています。三尊の種字は月輪で囲まれ、蓮華座の上に鎮座しています。三尊の上部には瓔珞（ようらく）を垂らした天蓋（てんがい）が描き込まれています。このように天蓋・瓔珞・月輪・蓮座による荘厳が施されている板碑は、決して珍しいものではありません。

蓮座や天蓋・瓔珞・花瓶はいうまでもなく仏・菩薩を飾り立てるための道具であり、仏像の作成に当たってごく普通に用いられる荘厳具です。それが三尊の種字（梵字）に使用されていることは、種字が単なる文字ではなく、聖なる存在であることを明示する目的以外には考えられません。これらの三つの種字は仏のシンボルであることを超えて、いまや仏・菩薩そのものと捉えられているのです。

瀬不動尊板碑では、種字の下には、源信（げんしん）の『往生要集』から引用された「念阿弥陀仏　即念一切仏　所証一心如　无二無差故」という偈頌が刻まれ、さらにその下段には、「兵衛太郎」の「滅罪生善　往生極楽」を祈念する旨の願文が記されています。偈頌にある「阿弥陀仏を念ず」とは、この板碑の建立者にとっては、種字を刻んだこの碑に向かって祈念することを意味していたのです。

ここでは兵衛太郎という名前が登場しますが、この地にその遺体は存在しません。刻印された名前は供養の対象者を示すものであって、近世の墓標のように、ここが埋葬の地であることを表示するためではなかったのです。

松島の雄島に納められた火葬骨

これまで取り上げた板碑は、生者の逆修と死者の追善という違いはあっても、いずれも「聖霊」の滅罪生善・往生極楽を目的として建立されたものでした。それらは霊魂の救済を願ったものであり、死者の埋葬地に建てられた墓標ではありませんでした。

しかし板碑の中には、遺骸や遺骨と密接な関わりを有するものも数多く見受けられます。日本三景の一つである宮城県の松島は、仙石線の電車を使って仙台から四十分ほどの距離にあります。松島を代表する観光の目玉はなんといっても臨済宗妙心寺派瑞巌寺（ずいがんじ）と五大堂ですが、それらと並んで多くの人々が訪れる名所として雄島（おしま）があります。

雄島は、松島湾に浮かぶ長さが二百メートルほどの細長い小島です。ここには多数の板碑が残されています。いま建っているものに加えて、周辺の海底からも膨大な数の板碑が発見されています。絵巻物である『一遍上人絵伝』や『慕帰絵詞（ぼきえことば）』には、寺庵や板碑が林立する当時の雄島の様子が描かれています（次頁の写真）。この島は、中世には人々の信仰を集めた聖地だったのです。

島のほぼ中央に位置する坐禅堂の南側斜面に、根元から折られた二基の大型板碑があります。いま残っているのは地面からわずかに突き出した板碑の一部で、折り取られた部分がどこに行ったのかは分かっていません（194頁写真参照）。十四世紀初頭と推測されるその板碑の西側前面には、細長い祭壇状の遺構があり、そこから梵字だけを刻んだ小型の板碑五基が発見されています。

さらに祭壇の上とその周辺には、長年にわたって繰り返されたと推定される多数の納骨の形

『慕帰絵詞』に描かれた松島の寺庵や数多くの板碑は何を物語るのか

跡が残されています。周辺に散らばる白い火葬骨の一部が、肉眼でも確認できます。鎌倉時代後期に建てられたこの二基の板碑は、その後およそ百年にわたって人々の信仰を集め、結縁のための小型板碑の造立や納骨が繰り返されたのです。

いま雄島は陸地と朱色の橋で結ばれており、島内は周遊コースが整備されて観光客が行き交っています。この橋は二〇一一年三月の津波で破損しましたが、いまは新しいものに架け替えられています。松島の代表的な観光スポットの一つである雄島は、かつては修行僧が居住し板碑が建ち並ぶ、人の死の臭いの立ちこめた島だったのです。

この島に納められた膨大な量の骨が誰のものであったのか、いまとなっては知るすべはありません。遠くから運ばれた骨もあったかもしれませんが、多くは周辺地域の住民の遺骨と考えられます。

それにしても中世の人々はなぜ聖地に板碑を建て、そこに骨を納めようとしたのでしょうか。

発掘された大規模な中世墓と板碑

この問題を掘り下げるために、もう一つ、宮城県にある中世墓地を取り上げてみましょう。名取市の大門山遺跡です。

名取は仙台の南に隣接する市です。仙台に通勤する人々のベッドタウンとして、近年急速な発展を遂げました。上りの新幹線が仙台駅を出て五分ほど走り、名取川に架かる橋梁を渡ると、市街地が切れて田園風景が広がり始めます。西の方を望めば低い丘陵が切れ目なく連なっています。高館丘陵です。目を凝らすと、その丘陵のなかほどに何本かの高い木が立っているのが見えるはずです。そこが熊野那智神社のある丘です。その山の麓の一帯、高館とよばれる地域が、中世においては宮城県の文化の中心をなす地だったのです。

名取市の大門山遺跡には多くの墓の形跡

いま私は名取の熊野那智神社に言及しましたが、本場の熊野（和歌山県）では本宮・新宮・那智の三社が霊場を形成していました。この名取の里にも、山麓には新宮と本宮があります。名取の熊野三社の歴史は中世まで遡るものでした。古くから名取の地には三社が勧請され、熊野信仰の世界を作り上げていたのです（第15章「熊野神社」参照）。

新宮（現・熊野神社）には、鎌倉時代に書写された三千巻を超える一切経が現存しています。また鏡のような丸い銅版に、仏や菩薩の像を浮き彫りにした「懸仏（かけぼとけ）」とよばれる本尊も、多数残されています。かつてこの地は一大仏教センターだったのです。

これからお話する大門山遺跡は、熊野新宮のある場所から那智神社のある山に向かって入り込んだ沢筋にあります（前頁の写真）。いまは樹木に覆われています。一九八〇年代に宅地開発のための予備調査を行ったところ墓地の形跡が見つかり、本格的な発掘調査が実施されました。その結果、大規模な中世の墓地であることが明らかになりました。

さらに調査が進むにつれて、墓地を構成する多彩な要素が明らかにされていきました。中核をなすのは、河原石を敷き詰め中央に火葬骨を納めた集石墓（しゅうせきぼ）でした。川原石が散らばり、ここでも賽の河原のような光景を醸し出していました。また、書写した経典を埋めた「経塚」とよばれる施設も見つかりました。そして、この地からも数百基の板碑が、倒れ伏した状態で見つかったのです。

しかし、これだけ大量の板碑が存在するにも関わらず、そのうちのいくつかに供養者の名前が記されているだけで、大半の板碑は誰のために建てられたものかを明らかにすることはできませんでした。ここでも、板碑に埋葬者の名前が刻まれることはなかったのです。

閉じられた墓と開かれた板碑

いま、私は死者の名前が刻まれることがなかった点に、近世の墓標と異なる中世の板碑の特色があることを指摘しました。それに加えて、板碑と墓標には、もう一つの大きな違いがありました。それは、墓に建てられる墓標が基本的にそこに埋葬されている遺体と一対一で対応するものであったのに対し、板碑は建立後、赤の他人が結縁のために礼拝したり納骨したりすることを拒まないことでした。

たとえば、私がお盆に墓参りに出かけたとき、見知らぬ人物が父の墓を拝んでいたりすれば、奇異な思いにとらわれて警戒します。ところが板碑の場合、誰が拝もうが骨を納めようが全く自由だったのです。墓が特定の人物とその一族に〈閉じられた〉ものだったのに対し、板碑は世間の人々に〈開かれた〉施設だったのです。

松島の雄島の板碑に、その建立後、長期にわたって膨大な数の納骨が継続されたことは先に述べましたが、それは板碑がもつ開かれた性質によるものでした。たとえ特定の人物の供養のために建てられたものであっても、板碑はそれに縁を結ぶ者すべてを浄土に送り出す力をもった存在と考えられていました。その点で板碑は近世の墓石とは明らかに異質であり、その機能はむしろ仏像に近いものがありました。蓮華座と瓔珞を伴うなど板碑が仏像をイメージして作られたのも、そこに理由があったのです。

さて、ここまで述べてきたとき改めて浮かび上がってくる疑問が、中世に建立された板碑がなぜ医王寺や角田市の北郷(きたごう)では継信・忠信という実在の人物の墓とされたのかという問題です。これは本当に彼らの墓として建立されたものだったのでしょうか。率直にいって、その可能性は限りなくゼロに近いと思います。これが継信・忠信の供養碑として建立されたという点さえ、断言はできないのです。

最初に述べたように、東日本には大量の板碑が建てられています。医王寺の境内や周辺にも、数多くの板碑が残っています。それらは例外なく、その地域を支配した有力な領主や実力者のために建立されたものでした。あるいは「結衆(けっしゅ)」と呼ばれる志を同じくする信仰者の集団が、自らの救済を願って建てたものでした。

匿名化した中世の死者たち

医王寺の巨大な板碑が、実際に継信・忠信の冥福を願って作られた可能性は少ないと思います。それよりは、鎌倉時代にその地を支配した領主の板碑が、継信・忠信の事績が膨らんで神話化されるに従って、その墓になぞらえられたと考えるほうがはるかに蓋然性は高いのです。

中世にも確かに墓はありました。しかし、中世人はそこに誰が眠っているかを明示することに全く無関心に見えます。いったん墓に葬られてしまえば、遺体や遺骨のありかは関心の外になりました。継続して墓参りが行われることもありませんでした。

墓石によって長らく記憶される近世以降の死者と違って、中世の死者はすぐに匿名化してしまう存在だったのです。

この違いの背景に存在するものは、いったいなんだったのでしょうか。この疑問を胸に抱きながら、私たちはもう少し中世のお墓を訪ね歩いてみましょう。

3 墳墓には誰もいないとすれば亡き人はどこへ行ったのだろうか

一の谷遺跡　静岡県磐田市
上行寺東遺跡　神奈川県横浜市

一の谷遺跡は中世墓の博覧会

一九八四（昭和五十九）年のことです。静岡県磐田（いわた）市郊外の丘陵から中世の墓地が見つかりました。後に「一の谷墳墓群遺跡（いちのたにふんぼぐんいせき）」と命名される、日本列島最大級の中世墓地の発見です。雑木林になっていた低い丘を整地して宅地として分譲しようとした際に偶然見つかったもので、大量の墓が丘陵一面を覆い尽くすように造られていました（次頁の写真）。

開発はいったん中断し、日本史や考古学の専門家による緊急の調査が始まりました。探索が進むにつれてこの墓地のもつ重要な意義が明らかになってきました。まず規模の面で、これまで知られていたどの中世墓地をも凌ぐ巨大なものであることが分かりました。それに加えて、この遺跡には後に「中世墓制の博覧会」といわれるほど多彩な形態の墓が残存していたのです。

主な墓の形式は三種類ありました。もっとも目を引くのは丘陵の尾根筋に沿って並ぶ百六十二基の「塚墓（つかぼ）」です（墓数は磐田市埋蔵文化財センターのパンフレットによる）。これは一辺三〜七メートル、高さ一〜一・五メートルの方形の墳丘を築いて、周囲に溝を巡らしたものです。塚墓では土葬が中心でしたが、墳丘の上で火葬を行い、その骨を納めたものもありました。

このタイプの墓は、丘陵の頂上部のもっとも見晴らしのいい場所に築かれました。造営に多大な労力を必要とすることから、この地域の有力者の墓と推定されています。

静岡県「一の谷遺跡」の全景。磐田市埋蔵文化財センターの『一の谷中世墳墓群遺跡』パンフレットより

墳丘を取り囲む溝の内部からは、数多くの墓穴が発見されています。地面を掘り下げて遺体を埋めるだけのシンプルな形式です。墳丘墓に葬られた戸主に対し、その周辺に埋葬されたこれらの人々は、その妻や家族であったと考えられています。このタイプの墓は「土壙墓（どこうぼ）」と呼ばれ、二百七十七基ほど確認されています。

墳丘墓と土壙墓の起源は十二世紀に遡ります。それ以降、鎌倉時代の半ばまでのほぼ百年間、このタイプの墓が一の谷遺跡の主流をなしていました。

それに対し、鎌倉時代も後半に入ると新しい様式の墓が出現し、主役を務めるようになります。河原から集めた丸石を地面に四角に敷き詰め、その中心部に納骨容器に入れた火葬骨を埋納するという形態です。「集石墓（しゅうせきぼ）」といわれるこのタイプの墓は、一辺の直径が一・二メートル程度の大きさで、その数は四百二十八基と遺跡中、最多です。

集石墓には繰り返し納骨した形跡も見られました。被葬者が基本的に一、二名の人物に限定されていた墳丘墓とは異なり、同じ墓に世代を超えて複数の人間が葬られたところに、集石墓の特色があったのです。

前代の主流だった墳丘墓が丘陵の尾根の部分を占有していたのに対し、集石墓は丘陵の側面の傾斜部に上から下に向かって、段々畑のような平場を削り出しながら営まれていきました。このタイプの墓が集中する一帯は石の原が累々と続き、賽の河原を思わせる光景だったと発掘担当者は語っています。

ここで重要なことは、これら三つのタイプの墓がいずれも死者の名を刻んだ墓標をもたなかったことです。土の墳丘が連なり、小石が一面に散在していても、起立した墓碑は存在しませんでした。八百基を超える墓があるにも関わらず、ここに埋葬された人物の名前は一人も分からないのです。

江戸時代に入って使用されなくなったこの墓地は、やがて時の経過とともに忘れ去られ、樹木に覆われて雑木林と化し、宅地開発が始まるまでの長い休眠の期間を迎えることになったのです。

宅地にされてしまった中世墓地

一の谷遺跡のある磐田市は、ヤマハ発動機の発祥の地です。いまはＪリーグのサッカーチーム、ジュビロ磐田のホームとして知られています。

この地はかつて見附（みつけ）と呼ばれていました。見附は、中世には遠江国（とおとうみのくに）の国衙（こくが）や守護所が置かれていた地で、遠江の中心をなす都市でした。有力な商人も集住し、堺のような自治都市としての機能を備えていたという説も出されています。一の谷遺跡は国衙の役人に加えて、これらの町の住人の墓であったと推定されています。江戸時代には宿場町として繁栄し、東海道五十三次の一つである見附宿となりました。

見附は背後に磐田原台地を控え、前には遠州灘を望む地に位置しています。中世には海がいまのＪＲの磐田駅あたりまで入り込み、入江を形成していました。北の磐田原台地からは南の見附に向かって三本の舌状の丘陵が張り出し、それぞれの尾根上には、東に見附天神社、中央に総社が置かれていました。そして、一番西側の丘陵の先端部分に一の谷の墓地が設けられていたのです。

当時の見附の中心地から見ると、一の谷は北西の郊外に当たります。昔の東海道は、この丘陵に沿って走っていました。見附に出入りする人々は、否応なしに大量の墓地の群れを目にせざるをえなかったのです。

この遺跡が発見されたとき、研究者を中心とする関係者の間から、保全を望む声が湧き上がりました。ほどなくして市民を巻き込んだ遺跡保存運動が起こり、行政に対する強い働きかけが行われました。遺跡の重要性を確認するための学術的なシンポジウムも開催されました。

これが古墳時代の前方後円墳であれば、間違いなく保存は実現していたことでしょう。今日でも中世遺跡は他の時代に比べて軽視される傾向にあります。いまを遡ること三十年以上前、バブル経済に沸いていた当時の状況は推して知るべしです。

果たして、激しい抗議を押し切って遺跡の破壊は強行されました。遺跡のある丘陵は根こそぎ削り取られ、整地されて宅地化されました。遺跡は跡形もなく消え去ってしまったのです。

いま現地を訪れると、一帯は住宅地となっており、かつてここに中世墓地があったことを思わせる痕跡はどこにも見当たりません。

いま私は、遺跡の痕跡はないと述べました。しかし、実はこの地に、遺跡は別の姿でその面影を留めているのです。

実際の遺跡は住宅地にされて別の公園内に一部のみが復元されている

一の谷遺跡は、磐田駅から直線で三キロほどの場所に位置しています。市街地を抜けた先に広がる「水堀」という地名を持つ住宅地がこの遺跡の故地ですが、そこに「一の谷公園」とよばれる場所があります。元の遺跡にあった主要な形式の墓が、この公園内に復元されています。塚墓、土壙墓、集石墓だけでなく、火葬の跡までもがレプリカとして再現されており、ここで、馴染みの薄い中世の墓地の有り様を目の当たりにすることができます（上の写真）。

この公園では墓群の隣に子供が遊ぶブランコが設置されるなど、シュールな光景が展開しています。オリジナルの遺跡は失われたとはいえ、普段目にすることがない中世墓地の様子を知ることのできる貴重なスポットです。

西方浄土を想う上行寺東遺跡

いま、バブル経済の時代に発見され、熱心な保存運動にも関わらず破壊されてしまった磐田市の一の谷遺跡をご紹介しましたが、ほぼ同じ時期に宅地開発に伴って発見されたもう一つの有名な中世遺跡があります。神奈川県横浜市の金沢区六浦（むつうら）にある「上行寺東遺跡（じょうぎょうじ）」です。

京急本線の金沢八景駅を降りて、駅前の狭い通りを抜けると横須賀街道に出ます。そこをしばらく横須賀方面に進んでから県道二三号線を右に折れ、京急線のガードを潜ると、程なく右手に上行寺という日蓮宗のお寺が現れます。上行寺東遺跡はこの寺の裏手、東側に位置する丘陵上にあります。

遺跡が発見されたのは一九八四年のことでした。丘の上に大規模なマンションを建設すべく、整地作業に入ったことがきっかけでした。高さが三十メートルほどのこの丘陵上には、二段にわたって平場が作り出されており、そこから六棟の建物跡、四十基に及ぶ「やぐら」とよばれる横穴式の墳墓に加えて、大量の五輪塔と人骨が出土しました。ここは鎌倉時代から室町時代にかけて使用された集団墓地だったのです。

特に注目されたのは最上段の平場でした。凝灰岩を削ってそこに作り出された二つのやぐらの奥には、それぞれ阿弥陀像と五輪塔のレリーフが刻まれていました。阿弥陀仏のあるやぐらの前面には小堂が営まれた形跡があり、それに隣接するように州浜と中島を備えた小さな池が造られていました。

横浜市金沢区の見通しのよい高台に再現された「上行寺東遺跡」の最上部のレプリカ

やぐらは小堂から見て西に位置しており、お堂と池の方から眺めたとき、夕日は阿弥陀仏の背後に沈む形になりました。人々春秋の彼岸には、夕日は阿弥陀仏の光背となりました。人々はこの地を訪れて縁者の遺骨を納めるとともに、弥陀の像に向かって故人と自身の往生を願いました。この遺跡の設計思想の背後には西方浄土の信仰があり、参詣者が落日に寄せて西方浄土を想うよすがとなるように造られていたのです。

先に紹介した一の谷遺跡と同様、上行寺東遺跡もまた保存運動が実を結ぶことなく、大部分は削り取られてマンションの敷地となってしまいました。そうしたなかで、遺跡の最上段の一部だけはレプリカとして隣接地に再現されています。

見通しのよい高台に作られたレプリカには、かつてここにあったやぐらや阿弥陀像、五輪塔などが忠実に表現されており、往時の状況を偲ぶことができます（右頁の写真）。

高台にある遺跡から見下ろすと、二三号線沿いに東に向かって入り込んだ谷間は住宅で埋め尽くされています。この谷は、鎌倉が武家の都であった時には六浦とよばれる港でした（左の写真）。六浦は、埋め立てられていまのような姿になる以前は水深のある天然の良港で、鎌倉の外港としての機能を果たしていました。ここで降ろされた生活物資は、朝比奈切通しを通って鎌倉に運ばれました。かつて金沢街道とよばれていた六浦―鎌倉を結ぶルートは、いまは整備されて、とても魅力的なハイキングコースになっています。

切通しに向かって斜面を登った先には、熊野神社が森のなかにひっそりと佇んでいます。どのガイドブックを見ても、この神社は源頼朝が鎌倉の街を造営するにあたって、その鬼門にあたる北東部を守護するために勧請したものと伝えられています。

しかし、この神社は六浦の港を見下ろす高所に位置しており、中世の熊野神社が多く海運の守護神として港湾の深奥部に造られ

埋め立てで住宅地に変わった六浦港跡

たことを考えると、私にはむしろ六浦の存在を意識して建立されたもののように思われます。現地を訪れる機会があれば、ぜひここに立ち寄って土地の様子を観察し、その勧請の背景を考えてみてください。

墓所が匿名化した重要な仮説

ここまで私は二つの中世墓地、静岡県の一の谷遺跡と神奈川県の上行寺東遺跡を紹介してきました。どちらも大規模な中世の墓地であり、特に一の谷遺跡のほうは日本で知られている最大規模のものでした。そこでは多数の遺骸が埋葬され、大量の骨が納められていました。

江戸時代であれば、戒名や法名を刻んだ墓石によって、誰の墓であったかを知ることができます。しかし、ここには埋葬者の姓名や属性を明らかにするための手がかりが一切ありません。葬られている人物の名前は一人も分からないのです。死者を記憶するための装置を一切もたないのが中世の墓の特色でした。中世の死者は、遠からず匿名化することを運命付けられた存在だったのです。

なぜ、中世人は死者の名を残そうとしなかったのでしょうか。繰り返し墓地を訪れて故人と対面した近世人に比べて、死者に対する情愛の念が少なかったためでしょうか。

私はそうは考えません。近世以降の人々と中世人の死者に対する態度の違いは情愛のレベルの問題ではなく、世界観の相違によるものと考えています。墓石に故人の名を刻むことのなかった中世人には、その行為を必然とする死生観があったはずです。

それはいったいどんなものだったのでしょうか。もしかしたら中世では、死者は墓にいなかったのではないか――こう考えると、死者の匿名化や墓に対する執着のなさなど、中世の死者供養をめぐるさまざまな現象をすべて矛盾なく解釈できるのです。この仮説に対しては、当然一つの疑問が浮かび上がってきます。

「それでは、死者はどこにいったのか」

昔、高校で学んだ教科書の記述を思い出してみてください。そこでは、日本の中世はどんな時代として描かれていたでしょうか。古典では、必ず『方丈記』や『平家物語』の文章が掲載されていたはずです。《祇園精舎の鐘の声、諸行無常の響あり。沙羅双樹の花の色、盛者必衰のことはりをあらはす》（『平家物語』）。《行く川のながれは絶えずして、しかも本の水にあらず。よどみに浮ぶうたかたは、かつ消えかつ結びて久しくとゞまることなし》（『方丈記』）――有名な冒頭の一節を暗記された方も多いと思います。

これらの言葉に示される、俗世に永遠に存続するものなど何もないという思想は、しばしば

「無常観」という言葉で総括されて、中世文学の基調をなすものとされてきました。権力と富をきわめた人間も、いまを盛りと咲き誇る花も、いつかは衰えてこの世界から姿を消すことを宿命づけられています。だから、つかの間の栄華に執着することが固く戒められるのです。

この世に常住するもの、信頼に値するものなど何一つないとすれば、私たちはいったい何を心の支えとして生きていけばいいのでしょうか。その絶望を希望に変えるものが、この世とは別の世界に実在する仏への信頼でした。

無仏の時代に生まれた西方浄土

仏教ではこの宇宙には、夜空に散りばめられた星のように、無数の世界が実在すると説かれています。その一つ一つに、救済主としての仏がいるのです。「娑婆世界」とよばれる私たちの住むこの現世も、そうした世界の一つでした。

しかし、娑婆世界は一つの大きな問題を抱えていました。そこでの救済を担当する仏は釈迦如来だったのですが、インドに生まれた釈迦は、いまから二千年ほど前にお隠れになってしまいました。いま娑婆は無仏の状態なのです。仏が亡くなっても、しばらくの間はその教えの力は生きていました。しかし、ついにその効力が完全に消滅する時代（末法）がやってきました。

12世紀の墓地の様子（『餓鬼草紙（部分）』国宝・東京国立博物館蔵）
出典：ColBase（https://colbase.nich.go.jp/）

それがいまなのです。

この無仏の暗黒時代に、救いの道はどこにあるのでしょうか。改めて目を広く宇宙に転じてみましょう。確かに娑婆は無仏の時代を迎えました。しかし、この宇宙には数えきれないほどの仏が実在し、日々、人々を救済し続けているのです。娑婆がダメならそこに行って、そこの仏のもとで修行を行い、生死を超えた悟りの世界を目指せばいいではないか……。

こうした発想が中世人の世界観の基調をなしていました。いわゆる浄土信仰です。目指すべき浄土の代表が、これまで何度も言及した阿弥陀仏のいる極楽浄土でした。極楽浄土は西の方角にあるために、西方浄土ともよばれました。

仏教の基本的な教えでもありますが、理想世界への到達を目標としている浄土信仰において、特に忌避されるべき行為は現世のモノに対して愛着の心を起こすことでした。この世の無常が強調されたのはそのためでした。「厭離穢土（おんりえど）　欣求浄土（ごんぐじょうど）」が、人々の理想の生活態度とされたのです。

こうした浄土信仰の立場からすれば、解脱へ向けての軌道に乗った人間はこの世にいるはずはありませんでした。救済の確定した人は、すでに浄土にいるのです。この世に残り、墓に留まる人は、まだ迷いの世界にいる憐れむべき存在なのです。

十二世紀に制作された『餓鬼草紙（がきぞうし）』（前頁の写真）には、当時の墓地が描かれています。多くの死体が風葬状態で放置されているのに対し、土饅頭型をしたものや、五輪塔を乗せたものなど、立派な墓もありますが、死者の名前はどこにも刻まれていません。墓場の中をうろついているのは救済から漏れ、悪道に堕ちて苦しんでいる者たちだけだったのです。

中世では死者は墓場にいなかったのではないか。それが墓地が匿名化し、墓参りの行われなかった原因だったのではないか。この仮説の正否を検討すべく、私たちは次章以降、さらにいくつかの中世墓地を訪ねてみることにしましょう。

4 死後世界への関心を深めた霊場への納骨が始まったのはなぜか

高野山　和歌山県伊都郡高野町

供養としての納骨の始まり

私は前章で、死者の名前を石に刻んで建てるのは江戸時代以降（近世）の習慣であり、中世まで遡ると、そこでは死者を記憶するための墓標が見られないことを指摘しました。中世は墓地に眠る死者が匿名化する時代でした。そうした中世人の死生観をよりはっきりと示すものが、中世に流行した死者供養の儀礼、霊場への納骨です。

霊場への納骨は十二世紀ごろに高野山で始まったといわれています（次頁の写真）。中世を代表する戦記文学である『平家物語』には、死者の骨を高野山に納める話が登場します。

一一八〇（治承四）年八月、源頼朝が伊豆で反平氏の兵を挙げると、各地でそれに呼応する動きが起こりました。畿内では、興福寺を中心とする南都奈良の悪僧（僧兵）たちが公然と反旗を翻しました。平清盛は子の重衡に大軍を預け、平定に向かわせました。奈良の市街地を舞台とする激しい戦闘を経て悪僧の蜂起は鎮圧されましたが、この戦に伴う火事によって、東大寺や興福寺など八世紀以来の伝統を誇る南都の大伽藍のほとんどが灰燼に帰してしまうのです。

御廟橋より見る高野山奥の院。霊場納骨が始まった聖地

一ノ谷の合戦で源氏方の捕虜となった重衡は、仏都を焼き払った罪を問われて木津川の河原で斬首されます。『平家物語』によれば、妻である大納言佐殿がその遺骸を貰い受け、火葬にした上で日野の墓地に埋葬するとともに、遺骨の一部を高野山の奥の院に納めました。

死後、遺骨が高野山に送られた人物はほかにもいました。まだ平氏が全盛をきわめていたころのことです。打倒平氏の謀略が露見し、首謀者の一人であった僧・俊寛は鬼界ヶ島（鹿児島県の硫黄島）へ流罪となり、かの地で命を落としました。極楽往生を願って阿弥陀仏の名号を称え、「臨終正念」を祈っての断食の結果だったと『平家物語』は記しています。

俊寛の召使いだった有王（ありおう）は島に渡って主君の最期を見届けた後、その遺骨を首にかけて高野山に登り、奥の院に納めました。有王にとっては俊寛の遺骨を高野山に運ぶことが、主人の願いであった極楽往生を確実にする最善の方法だったのです。

高野山は、中国から密教をもたらした弘法大師空海（七七四―八三五）が開いた寺です。高野山金剛峯寺（こんごうぶじ）（高野山真言宗）の歴史は、八一六（弘仁七）年に空海がこの山の下賜を嵯峨天皇に申請し、勅許を得たことに始まります。最初に寺が建立された場所が、高野の街の中心に位置する「壇上伽藍（だんじょうがらん）」です。ここは金堂や大塔・西塔・御影堂といった主要な伽藍が建ち並ぶ、いまも高野山の重要な聖域です。

空海が中国からもたらした真言密教は、修行を重ねることによって、死後にではなく現世において悟りを開くことを目標にします。いわゆる「即身成仏」の思想です。密教の理想の聖地である密厳（みつごん）浄土もどこか遠い他界にあるのではなく、即身成仏を実現したときにこの世に実現するものなのです。

そうした理念からすれば、死後に異次元世界である極楽浄土への往生を願う浄土信仰は、もっとも遠い地点に位置するものでした。重衡と俊寛の遺骨は、なぜ密教の聖地である高野山に運ばれなければならなかったのでしょうか。

なぜ高野山奥の院への納骨か

私は先に、空海によって建立された金剛峯寺の始まりは、いまの壇上伽藍であると述べました。しかし、平安時代も後半に入ると、そこに加えて、高野山にもう一つの信仰の中心地が生まれました。空海の墓のある大師御廟を中心とする「奥の院」です。

八三五（承和二）年、空海は高野山で死を迎えました。坐禅を組んだ姿のまま、手には印を結んでの入滅であったと伝えられています。その遺体は荼毘に付された上、金剛峯寺から東に三キロほど離れた、いまの奥の院の地に葬られました。

ところがほどなくして、空海はほんとうに死んだのではなく、御廟のなかで瞑想に耽っているのだという伝説が生まれました。弘法大師入定（にゅうじょう）信仰の誕生です。

平安後期に成立する『栄華物語』には、藤原道長が高野山参詣の折に、弘法大師の入定の様子を目の当たりにした様子が記されています。髪と髭は長く伸び、着ている衣は色鮮やかなままで、ただ眠っているようにしか見えませんでした。

鎌倉時代後期の『高野大師行状図画（こうやだいしぎょうじょうずが）』（次頁の写真）では、廟窟を訪れた観賢（かんけん）、淳祐（じゅんゆう）という

入定した空海を高野山奥の院に訪ねた観賢と淳祐のシーン『高野大師行状図画』（『芸術新潮』2011年8月号より）

二人の僧が、入定している弘法大師と対面するシーンが描かれています。観賢は弘法大師を直に拝することができましたが、修行の足りない淳祐の目は霧がかかったようで、弘法大師の姿が映ることはありませんでした。

こうして高野山では、入定信仰の定着に伴って、従来の中心であった壇上伽藍に代わって、奥の院が山中でもっとも聖なる空間としての地位を獲得するようになりました。そこで瞑想を続けている空海という人格そのものが信仰の対象となり、入定の地を拝すべくたくさんの人々が高野山を目指すのです。

もちろん、入定中の弘法大師の姿を目の当たりにすることのできる人物は、道長や観賢など特別な人物に限られていました。それでも多くの人々が入定の聖地を自分の目で確かめ、そこに留まっている空海に願いを聞き届けてもらうために奥の院を目指すようになるのです。

東京国立博物館蔵）出典：ColBase（https://colbase.nich.go.jp/）

院政期といわれる十二世紀ごろ、弘法大師信仰は新たな転換を迎えます。奥の院に眠る空海の膝下に自身や近親者の骨を納めることを希望する人々が現れ、それはまたたくまに大きな流行の波となりました。無数の人々が肉親の遺骨を首にかけて高野山に参詣するのです。

奥の院に遺骨を納めると、供養のために木製の卒塔婆が立てられました。中世の絵巻物である『一遍聖絵（いっぺんひじりえ）』や『天狗草紙（てんぐぞうし）』（写真）には、弘法大師の廟所がある奥の院の参道の両側に、納骨の卒塔婆がびっしりと建ち並ぶ情景が描かれています。有王や平重衡の納骨も、こうした流行に棹さした行為だったのです。

死後を救済するための「垂迹」

それにしても、中世の人々はなぜ密教の聖地であった高野山に骨を納めることによって、死後の救済が実現すると信じ

高野山奥の院に林立する木製の卒塔婆（『天狗草紙（部分）』国宝・13世紀、

たのでしょうか。

前章でも述べたように、平安時代も後半に入ると、この世を仏のいない暗黒社会と捉え、死後に、異次元世界に実在する理想の浄土を目指そうとする動きが強まりました。しかし、いかに経典に詳しく説かれていても、実際に浄土を見たことのある人は誰もいません。遠い世界にあるという見えない世界の実在を信じろといっても、末法の悪人たちが簡単にそれを受け入れるはずもありません。

しかし、それでは誰も救われないことになってしまいます。そこで人々を哀れんだ浄土の仏たちは、離れた場所から手招きするだけでなく、みずからこの娑婆世界に降り立って、人々の背中を押すことを決意しました。それが「垂迹（すいじゃく）」です。衆生はその垂迹と縁を結ぶことによって、浄土への確実な往生が約束されるのです。

仏はこの世にその姿を現すにあたってさまざまな姿をとり

ましたが、その垂迹を代表する存在が神でした。古来日本にいた神々は、仏教的世界観の普及に伴って、他界の仏（本地）がこの世の衆生を救済するために顕現した存在（垂迹）であると規定されたのです。中世に多くの人々が神社を訪ね、死後の救済を祈ったのはそのためでした。

垂迹は神だけではありませんでした。寺堂に安置された仏像もまた本地仏の垂迹でした。平安時代の後期には、浄土信仰の隆盛に伴って、宇治の平等院鳳凰堂のような阿弥陀堂が各地に建立されます。その運動は東北の高蔵寺の阿弥陀堂（宮城県角田市、真言宗智山派）や白水阿弥陀堂（福島県いわき市、真言宗智山派願成寺、写真）、九州の富貴寺大堂（大分県豊後高田市、天台宗）など、地方にも波及しました。

中世の浄土信仰を表すいわき市の白水阿弥陀堂

阿弥陀像の造立は西方浄土の阿弥陀仏をこの世に化現させる作業にほかならず、そのため阿弥陀堂建立は莫大な功徳を生み出す行為と考えられたのです。

聖徳太子や伝教大師、弘法大師などの聖人・祖師も垂迹でした。高野山の復興に尽力した覚鑁は、高野山を開いた弘法大師について、「本地は十方諸仏の能化である大日如来であり、垂迹は六趣の衆生が帰すべき三地の菩薩である」（『高野山沙門覚鑁申文』）と記しています。弘法大師の本地は、仏の中の仏ともいうべき大日如来なのです。弘法大師が人々を浄土に誘うと信じられた背景には、こうした中世固有の信仰の構造があったのです。

浄土往生を願う巡礼の時代へ

垂迹の使命が末法の衆生救済であるため、その所在地はしばしば聖なる地であり、彼岸世界への通路とみなされました。十二世紀ごろから、寺院や神社の由緒と霊験を説く寺社縁起や、垂迹の場の聖性を主張する垂迹曼荼羅・宮曼荼羅が数多く制作されるようになり、霊地を踏むことの重要性が盛んに宣伝されました。彼岸世界への飛翔を目的とした巡礼の時代が幕を開けるのです。

長野市にある善光寺の由来をつづった『善光寺縁起』には、「極楽は決して遠くにあるものではない。信州の善光寺こそがすなわちその地である」から、「生身如来（しょうじん）」のいるこの「霊地」を踏めば、たちどころに極楽往生が成就すると説かれています。また『粉河寺縁起（こかわでらえんぎ）』には、「垂迹の光はあらたかではあるが、来迎して行者を極楽に導くのは本地の誓願による。臨終正念・往生極楽を願うのであれば、粉河の生身観音にお願い申し上げるべきである」という言葉が見えます。

　ここにも見られるように中世の縁起には、仏像を形容する言葉として「生身」という言葉がしばしば登場します。生身は通常「人間のような血肉を備えた存在」と解釈されますが、それは正しい理解ではありません。生身のもっとも重要な意味は、目に見えない世界の仏が可視的な姿をとってこの世に出現することにあります。

　当時の人々の究極の理想は、死去の瞬間に、その人物のために浄土の仏が迎えに現れることでした。それが「来迎」であり、来迎仏こそが生身の理想の形態でした。そのため生身仏は出現したその瞬間を切り取った、可能な限り生々しいリアリティをもって制作される必要がありました。そのために、「玉眼（ぎょくがん）」（ガラスの眼球）、「玉唇（ぎょくしん）」（水晶板を当てた唇）、「歯吹（はふき）」（金属製の歯）といった技法が駆使されました。「生身」と形容された仏像は、それが単なる作り物ではなく、本地と直結する存在であり、人々を浄土に迎え取るための特別の力をもっていることが強調されているのです。

　春日や山王・賀茂といった神社の境内もこの世の浄土（社壇浄土（しゃだんじょうど））とされ、そこへの参詣が極楽往生に通ずるものであることが力説されました。浄土信仰が高揚する中世において、諸寺諸社はこうした論理で極楽往生を願う民衆の心を引きつけていったのです。

日本各地に「霊地」や「霊験所」とよばれる聖地が生み出されてくる十二世紀は、古代的な支配秩序が終焉を迎えようとする時にあたっていました。律令体制が解体していく中で、国家の財政的な支援を得られなくなった官寺は、自力で生き延びていくことを余儀なくされました。そのためにはたくさんの信者を寺によび込むことが不可欠でした。伝統寺院は積極的に民衆の中に分け入り、布教を開始します。その際、人集めの切り札となったのが、人々を浄土へと誘う、かの垂迹の存在だったのです。

他界の本仏がこの世に根ざした救済を行うべく顕現した垂迹は、それぞれの由来をもつ特定の化現の〈場〉と深く結びついた存在でした。そこへ赴いて祈りを捧げることによって、浄土への往生が可能になると信じられたのです。

中世寺院は垂迹を媒介とする浄土信仰を鼓吹する一方、エスカレートする聖人信仰と、増加する参詣者に対応すべく、聖人―垂迹を祀る新たな施設を寺内に設けていきました。その施設は、通常寺院のもっとも奥まった見晴らしのよい場所に作られたため、後に「奥の院」とよばれることになります。弘法大師が入定しているという伝説のある高野山の奥の院は、まさにその最初期の形態でした。

『一遍聖絵』では、高野山が弘法大師の「垂迹」の地とされ、一遍ひじりは「九品(くほん)浄土」（極楽浄土）の縁を結ぶためにそこに分け入ったと記されています。大日如来の垂迹とされていた空海でしたが、ここでは阿弥陀仏の化現であることが示唆されています。

『一言芳談』は、もっとストレートに、高野山奥の院に参籠した重源が、深夜、空海の廟所から響く念仏の声を聞いたという話を収めています。八葉蓮華に囲まれた密教的な曼荼羅世界としてイメージされていた高野山が、いつしか奥の院を中核とする浄土信仰のメッカへと変貌を遂げてしまったのです。高野山の蓮華谷は、浄土往生を願う修行者の集う場所となりました。かの俊寛の骨を高野山に運んだ有王も、務めを果たした後は蓮華谷で出家して主君の後生を祈ったと伝えられています。

浄土往生を果たした人物の遺骨は、もはや抜け殻にすぎませんでした。そこに死者の霊魂は存在しませんでした。遠い道のりを経て大変な苦労をして納骨を果たしたにも関わらず、ひとたびそれが済んでしまうと、その後の骨の行方にほとんど関心が払われることのなかった原因は、そうした観念に由来するものだったのです。

中世と近世が織り成す高野山

かつて高野山は紀伊半島の山奥に位置するたいへんな難所でした。京都からその地に辿り着くためには、長い旅路を経た後、紀ノ川沿いにある慈尊院から山深く分け入る必要がありました。山麓の慈尊院から大門に至る表参道には、一町ごとに建てられた「町石（ちょうせき）」とよばれる道しるべの石塔が建っています。

その高野山も、いまでは関西圏から日帰り参拝が可能な霊場となりました。大阪のなんばから、南海電鉄の特急を使えば九十分で高野山麓の極楽橋に到着します。極楽橋からケーブルカーを利用して山上に上り、バスに乗り換えれば金剛峯寺はすぐそこです。

高野山は、周囲を八つの山に囲まれた高原の盆地です。空海はそれらの山々を仏教でいう八葉蓮華に見立て、八つの蓮弁に囲まれた高野の地に清浄なる曼荼羅世界＝浄土の建設を目指しました。空海はここに伽藍を建立するにあたって周囲に結界をめぐらし、悪鬼神はその内から立ち去り、仏法守護の神々がこの山を加護することを祈願しています。

金剛峯寺から東に向かって県道五三号線を一キロほど進むと、弘法大師の廟所のある奥の院の入り口に行き当たり

高野山奥の院の参道に建つ数多くの納骨卒塔婆

ます。ここで県道から分かれ、一の橋を渡って石畳の参道に入ると周囲の光景は一変します。街並みが途切れて家がなくなり、代わって周囲には天を衝く杉や檜の大木がそびえています。

参道に沿った木々の根元には無数の石塔があります。一説によると、その数は二十万ともいわれます。それが奥の院に至る二キロの参道の両側を埋め尽くしているのです（前頁の写真）。

石塔に導かれるようにして進むと、やがて奥の院に辿り着きます。奥の院の手前には玉川が流れ、御廟橋とよばれる橋が架かっています。この橋から先は、寺内でもっとも神聖な空間です。写真撮影や飲食はご法度です。

奥の院に参詣する者を弘法大師はここで出迎え、帰りにはここまで見送ると信じられています。そのため僧侶はその行き帰りに必ずこの橋のたもとで、廟に向かって礼拝するのです。

橋を渡り石段を登って拝殿に入ると、中には無数の吊り灯籠があります。灯明がゆらめく先に、弘法大師の眠る御廟の建物があります。

高野山への納骨は、近世に入っても継続されました。いま私たちが目にする膨大な数の石塔のほとんどは、江戸時代に作られたものです。奥の院の参道を辿れば戦国武将の墓や、江戸時代の大名たちが建てた、たくさんの霊廟を目にすることができます。

織田信長の墓があります。武田信玄の墓もあります。豊臣家、徳川家、明智光秀、石田三成

高野山に設けられた奥州伊達家の墓所

といった、生前には敵味方であった者たちの墓所が交じり合って共存しています。奥州の伊達政宗や越後の上杉謙信など、遠方の戦国大名の墓も作られています（上の写真）。

私は先に、中世の死者は匿名化する存在だったと述べました。高野山でもいったん骨が納められてしまえば、その行く末に関心が払われることはありませんでした。しかし、巨大な石碑に名が刻まれたこれらの大名の墓地は、忘却を想定したものではありませんでした。逆に、その名が長く顕彰されることを期待されたものだったのです。

奥の院の参道周辺には近代になって新たに開発された墓苑もあります。そこには日本列島どこでも普通に見られる家の墓や個人の墓が並んでいます。平安時代以来の伝統を持つ高野山には、対照的な性格をもつ二種類の墓所が並存しているのです。

私たちはこの高野山の納骨施設の変化に、匿名化する中世の死者から、記憶される近世の死者への転換を見て取ることができます。同じ山内に作られ、同じく死者の骨を納める施設でありながら、中世と近世以降のそれは対照的な性格をもっていたのです。

5

かつて死者を救済してくれるのは神であったというのはなぜか

春日大社　奈良県奈良市
元興寺　奈良県奈良市

日本人は神社で何を祈るのか

日本では、除夜の鐘とともにたくさんの人々が初詣に出かけます。初詣といえば、成田山新勝寺や川崎大師のような寺院もありますが、やはりメインとなるのは神社です。

私の住んでいる仙台でも、大崎八幡神社や近郊の塩釜神社、竹駒神社などは毎年参拝者でごった返すのが通例となっています。寺院関係の方々のなかには、せっかく除夜の鐘を鳴らしながら、初詣の主役を神社に取られてしまっていることに、若干悔しい思いをされている方もいらっしゃるかもしれません。

初詣にあたって、人は神に何を祈るのでしょうか。おそらくは新しい一年の息災であり、家族の健康であり、充実した仕事との出会いでしょう。入試の合格や恋愛の成就や安産を願う人もいるかもしれません。いずれにしても、神社に初詣に出かけて祈る中身は、つつがない日常生活といってよいでしょう。言葉を換えていえば、祈願の中心をなすものは現世の祈りです。しかし、現代人にとっては常識に属するこうした事柄も、時代を遡ったとき、それが通用しない世界が現れてくるのです。

鴨長明が著した『方丈記』は中世を代表する文学としてあまりにも有名です。その長明は『発心集(ほっしんしゅう)』という著作のなかで、「末の世に生きるわれわれは、後世の救いを思うにつけても必ず神に祈るべきである」と記しています。死後の救済を実現してくれるのは日本の神であると断言しているのです。これはいまの時代を生きる私たちにとっては、かなり衝撃的な言葉です。初詣以外にも神社はたくさんの参詣者を集めますが、神に後生を祈る人など見たことも聞いたこともないからです。

長明はなぜ神に祈りを捧げることが、末世の救済の早道と考えたのでしょうか。同じ『発心集』のなかに、それを知るための手がかりになる言葉があります。

《もし仏が神の姿を取って出現されなかったならば、「無悪不造」（あらゆる悪行に手を染める者）の者たちは、いったい何を拠り所にしてわずかの仏縁を結ぶことができるのか、と思うにつけて、奉納される榊や御幣（ごへい）をはじめ、禰宜（ねぎ）の打つ未熟な鼓の音までもが、皆衆生を仏の世界に誘引するための手立てとして、ありがたく思われることでございます。この世のさまざまな望みの実現は、あくまで人を仏道に導くための仮の手立てなのであり、「出離生死」をお祈りになれば、どうして人を悟りの世界に引き入れるという本懐を示されないことがございましょうか》

この論理がお分かりになったでしょうか。日本の神は人々を浄土に誘うという使命を担って、仏がこの列島に出現したものである。だから浄土に行きたいと願うのであれば、神に祈ることが一番の早道なのだ。――長明はこう説いているのです。

浄土往生を後押しするための神々

ここまで読んできて、前章を思い出された方もいるのではないでしょうか。

中世では人々の究極の理想は、死後に仏の国、悟りの世界（浄土）に到達することでした。仏は浄土の実在を信じられない末世の衆生のために、あの世から手招きするだけでなく、この世界に化現して人々の背中を押しました。それが垂迹（すいじゃく）であり、仏像や祖師や日本の神がまさにそれだったのです。

日本の伝統的な神々が実は仏の化身であり、その究極の目的が衆生を浄土に誘うことにあったという説は、中世に生きる人々にとっては常識に属することでした。浄土往生を願って神社に参詣したという話も、中世の史料を紐解けばいくらでも見つけることができます。神社に参詣しては浄土往生の祈りを凝らす人々の姿が中世では日常風景となっていました。

ここでは具体例として春日大社を取り上げ、現代人にはなかなか想像がつきにくいこの論理をもう少し掘り下げてみたいと思います。

死者の救済者としての春日大社

奈良の春日大社は、全国に三千社あるといわれる春日神社の総元締めであり、数ある神社のなかでも屈指の名社です。春日大社はいまからおよそ一千三百年前の奈良遷都のころ、茨城県鹿島（かしま）から武甕槌命（タケミカヅチノミコト）を御蓋山（みかさやま）にお迎えしたことに始まります。そこに経津主命（フツヌシノミコト）、天児屋根命（アメノコヤネノミコト）、比売神（ヒメガミ）の三神を勧請して四神を祭神とする体制を整え、称徳天皇の時代に勅命を奉じた左大臣藤原永手（ながて）が、現在の地に壮麗な社殿を造営したと伝えられています。四神が祭られる鮮やかな朱塗りの柱と白壁の本殿は、国宝の指定を受けています。

春日大社は、旧都奈良の東のはずれに位置します。大社への参詣の道は、いまの三条通りです。ＪＲの駅を出て奈良の街を東西に貫く三条通りに入り、緩やかな坂道をまっすぐどこまでも歩くと、春日大社の一の鳥居が現れます。鳥居を抜ければ、木立のなかで鹿が遊ぶ春日野の光景が眼前に広がります。御蓋山に向かって徐々に勾配を強める参道を登りつめると二の鳥居があり、その先は本殿を中心とする大社の聖域の核心部分です。

いまは死後世界などとは全く無縁になってしまった春日大社ですが、この神社も中世まで遡ると、死者の救済と深く関わる機能を有していました。

春日大社を題材として鎌倉時代に多数制作された宗教絵画に「春日曼荼羅」があります（左頁の写真）。この曼荼羅は、春日大社の社殿を前景として御蓋山と春日山が中央に描かれるという構図が取られ、当時の社頭の景観が写実的な筆致で描かれています。しかし、単なる風景画ではなく、御蓋山の中腹には五体の仏（釈迦如来、薬師如来、地蔵菩薩、十一面観音および文殊菩薩）が浮遊しています。これらの仏たちは春日四神と若宮の本地仏が化現した様子を描いたものです。この曼荼羅には、春日の神が彼岸の仏の垂迹であり、その役割が衆生の浄土往生を手助けするものであるという主張が端的に表現されているのです。

中世の春日大社が死と深い関わりを持っていたことは、他の史料からも読み取ることができます。『春日権現験記』に収められた説話です。

——興福寺の僧が仏に捧げる花を求めて春日山の奥山に踏み込んでいくと、そこに死んだはずの同僚がいました。その話によれば、春日の神は本来、地獄に堕ちるはずの罪深い僧を、哀れみをもって春日山にとどめ置いているというのです。件の僧も春日の神が引き止めてくれたおかげで、悪道に赴かなくてすみました。彼らは生前に犯した罪の代償とし

春日宮曼荼羅（重文・13世紀、奈良市南市町自治会蔵）画像提供：奈良国立博物館（撮影：佐々木香輔）

て日に一度の責め苦を受けながら、修行が成就するまで、この地で生前と同じように学問と修行に励んでいるのです――。

『今昔物語集』巻十九にも、春日の奥山に迷い込んだ東大寺僧が、亡くなった同僚と出会った話が収められています。春日山は死者の世界でした。そこは亡者が最終的な救いの前提として罪を贖う場所であり、キリスト教でいう煉獄のような機能を担っていたのです（上の写真）。

罪深い死者の世界に救いをもたらす春日山の石仏群

中世に生き残った元興寺の姿

中世の春日大社の最重要の役割は死者の救済であり、その境内はこの世とあの世をつなぐ回路の役割を担っていました。これは中世の大方の神社に共通する性格でしたが、実は春日大社の立地する春日野自体が、中世にはきわめて濃厚な死の臭いが立ち込める場所だったのです。

私は前章で、記憶される死者は近世以降に誕生する現象で、中世の死者はすぐに匿名化してしまう存在だったと述べました。そうした中世特有の葬送儀礼の一つとして納骨があることを、高野山を例にあげてご説明しました。

その後、納骨の霊場は高野山から全国各地に広がりましたが、意外な場所にも出現しました。それが春日大社にほど近い元興寺極楽坊（真言律宗）だったのです（上の写真）。七一〇年の平城京遷都にあたって、竣工になった都の守護のために建立された寺院が元興寺でした。春日大社とほぼ同時期の誕生です。極楽坊は本来、元興寺の僧坊の建物でした。独立した寺院となったため、建物の一部を本堂として使用できるよう、鎌倉時代に現在の形に改築されたものです。

中世特有の葬法を示す元興寺極楽坊

奈良最大の国家寺院として順調なスタートを切った元興寺でしたが、建てられて二百年を経た平安時代の中期になると、重大な危機に直面します。国からの経済的支援がしだいに先細りし始めるのです。その背景には、深刻化する国家財政の危機がありました。人民一人ひとりを完全に把握し、成人男子には土地を貸与する代わりに税を取り立てる律令制支配のシステムが、住民の逃亡などの抵抗運動によって機能しなくなるのです。

国の赤字財政対策として支配層が選択したのが、国の抱え込んでいる組織をできるだけ整理し、独り立ちさせるという方策でした。その際、真っ先に対象に浮かび上がったのが、国家財政の最大の重荷となっていた寺院でした。近年、国家の負担軽減の一環として国立大学の独立法人化が断行されましたが、それを想像していただければいいと思います。

国家の援助を断ち切られた寺院は、すぐさま存亡の危機に直面しました。しかし、支援の廃止は、逆にいえば寺院活動に対する国の制約がなくなったことを意味しました。

積極的に新たな経済活動、社会活動に乗り出し、そこに生きる道を見出した寺院は、中世に向けてどこまでも強大化しました。他方、変身に失敗した寺院を待っていたのは惨めな没落の運命でした。旧国家寺院のなかに、勝ち組と負け組、二つのグループが生まれたのです。

奈良でいえば、大和国一国の支配権を事実上掌握した興福寺（こうふくじ）は、勝ち組の最たるものでした。逆に大官大寺（だいかんだいじ）のように、存在そのものが消滅する寺院もあったのです。

では、元興寺はどうだったのでしょうか。

どちらかといえば、負け組でした。新しい時代に十分適応できなかった元興寺には、太古の恐竜さながらに、もはやその巨体を維持する力は残されていませんでした。本来の元興寺を形成していたいくつかの部位が独立し、小寺院としてかろうじて生き残ることに成功したのがせめてもの救いでした。いま残る元興寺極楽坊もその一つだったのです。

納骨センターとしての極楽坊

他の寺院と同様、極楽坊も生き残るためには財政基盤の確立が不可欠でした。寺に人をよび寄せ、寄付をしてもらえるような仕組みを工夫しなければなりませんでした。幸いにも、極楽坊には他の寺にない切り札がありました。奈良時代の僧・智光（ちこう）が阿弥陀仏の浄土の様子を目の当たりにして、それを写し取ったとされる「智光曼荼羅」の存在です。

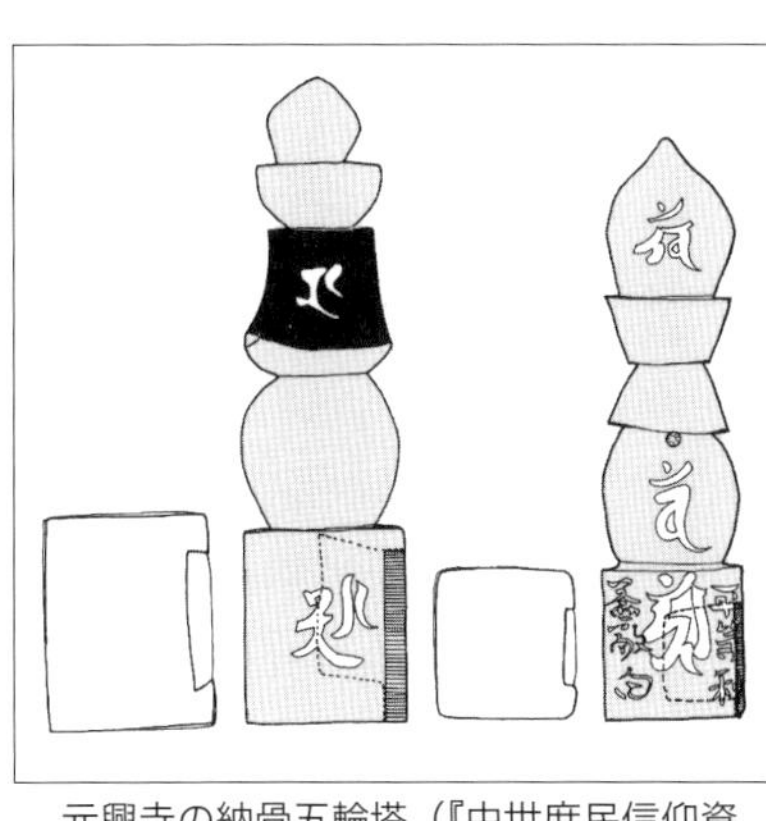

元興寺の納骨五輪塔（『中世庶民信仰資料』元興寺文化財研究所1994年より）

折しも浄土信仰がピークを迎えようとしていた時代です。本物の浄土を描いたという智光曼荼羅は、浄土往生を希求するたくさんの人々を極楽坊に引き寄せました。みずから足を運ぶだけでなく、その救済を目的として縁者の遺骨も持ち込まれるようになりました。

中世の極楽坊が納骨センターとして機能していた当時の様子を偲ばせるものが、敷地内の収蔵庫に展示されている膨大な数の納骨容器です。公開されていますので、ぜひご覧になってください。全部で五千点近くあるといわれる納骨容器のうち、一番多いのは小さな木製の五輪塔です（前頁の図）。水輪・地輪の底面や背面に穴をあけて、骨を納めることができるようにしつらえてあります。釜や壷の形をした陶製の蔵骨器も大量に残されています。

納骨五輪塔にはクギ穴が残されているものが多く見られます。それは小さな骨を入れたまま、本堂内の柱や長押（なげし）や壁に釘で打ち付けられたものです。それに対応するように、堂内部の柱などには無数の傷が残されています。陶製の納骨壷も本堂内に置かれました。

いま開放感あふれる清々しい本堂（国宝）内には、往時の納骨信仰を偲ばせるものはなに一つありません。けれども、かつてこの本堂には、長押という長押、壁という壁に納骨容器が打ち付けられていました。床の上にも数えきれないほどの骨壷が置かれ、納骨は堂の天井や床下にまで及んでいました。元興寺は骨の寺だったのです。

十輪院・福智院・白毫寺の境界

元興寺にほど近い十輪院（真言宗醍醐派）は石仏龕（重要文化財）のある寺として知られています。

本堂の奥にある覆堂（おおいどう）に花崗岩でできた仏龕（ぶつがん）（仏像を納めるための容器）が置かれ、その内部には穏やかな表情をした地蔵菩薩を中心に、釈迦如来・弥勒菩薩の三体が浮き彫りにされています。これ以外に、龕の内部から外回りにかけて、彩色の跡を残す多数の仏像・梵字などが見られます。石龕の前には棺を置くために据えたと伝えられる平らな石があり、ここで葬送儀礼が営まれた様子を彷彿とさせます。中世には納骨信仰も行われていました。

釈迦如来はいうまでもなくインドに誕生した、この娑婆世界と深い縁をもった仏です。地蔵菩薩は釈迦入滅後に、地獄・餓鬼・畜生などの悪道に堕ちた人間を、みずからそこに降りて行って救い取る存在として信仰を集めました。いま各地に見られる身代わり地蔵は、その伝統を承けたものです。

弥勒菩薩は五十六億七千万年後にこの世に現れる未来仏です。この三尊の威力によって、過去から遠い未来に至るあらゆる人々に、漏れなく救いの手が及ぶと考えられたのです。

石龕にはほかに、地獄の冥官である十王や五輪塔が彫られています。観音・勢至菩薩の種字（しゅじ）（梵字）も刻まれていますが、この二尊は極楽浄土の阿弥陀仏の左右に侍る者たちでした。石龕にはこうした雑多な冥衆が所狭く刻み込まれています。これらはいずれも、死者の救済と深い関わりをもつ存在でした。ここには、さまざまな冥衆が力を合わせて衆生を浄土へと送り届けてくれることへの期待感が表現されています。

寺伝によれば、十輪院の開創は平安初期に遡るとされますが、本堂と石龕はどちらも鎌倉時代前期の作と推定されています。当時盛んだった浄土信仰の影響を受けて、悪道に堕ちた人々の救済と浄土往生を目的として建立されたものでした。近隣の人々は死者が出ると遺体や骨をこの寺に運び、この龕仏の前でその安らかな後生を祈ったのです。

白毫寺の参道から見渡す奈良の街並み

十輪院から山手に向かって新薬師寺方面に歩みを進めれば、座高二・七三メートル、台座からの総高六・七六メートルの「大仏地蔵」（重要文化財）で知られる福智院（真言律宗）があります。この寺の創建も本尊や本堂の造られた鎌倉時代と推定されています。十輪院と同じく、地蔵菩薩のもつ死者救済の機能に期待して造立されたものでした。

福智院からの道を新薬師寺の手前で右に折れ、能登川を渡って高円山（たかまどやま）に取り付くと、やがて市街地が切れて見通しのよい石段の道となります。そこを上り詰めた先が、白毫（びゃくごう）

寺（真言律宗）です（写真）。

白毫寺の本尊は十二世紀の阿弥陀如来像（重要文化財）です。白毫寺にはほかに、いずれも鎌倉時代の作と推定される地蔵菩薩像、閻魔王と冥官像、地蔵十王石仏などが残されています。みな死後の命運を左右すると信じられた尊像たちでした。

白毫寺は都市奈良の境界に位置する寺であり、中世にはその周辺に墓地が広がっていました。白毫寺はそこに葬られた死者の供養を強く意識して建立された寺院でした。白毫寺町から能登川沿いに春日山原始林に分け入れば、先に述べたように、そこは地獄谷や石仏の散在する死者の世界です。

注目されるのは、いま紹介した春日野の上に連なる元興寺―十輪院―福智院―白毫寺のラインが、春日大社の膝元に当たる場所に、大社をとり巻くように展開していることです。

春日大社は、死の臭いの立ち込める春日野を眼下に見下ろす場所にあっただけではありません。死者救済を眼目とするこれら一群の施設を束ねる扇の要に位置していたのです。先に紹介した「春日曼荼羅」は、その下方に描かれた春日野＝死者の世界と、上方に位置する浄土をつなぐ場所に春日大社があり、死者たちが春日大社を回路として、来迎した仏たちに手を引かれ、御蓋山を経由して彼岸に旅立つイメージを可視化したものだったのです。

6
山寺に奥の院が建立されたり伝統寺院が霊場となったのはなぜか

立石寺　山形県山形市

この世とあの世をつなぐ通路

これまで見てきた通り、中世ではこの世に残る死者は不幸な存在であると考えられていました。現世に生きる人々を浄土に迎え取ることが彼岸の仏たちの究極の使命であり、その任務を果たすために仏はさまざまな姿をとってこの世に垂迹（すいじゃく）（化現（けげん））し、衆生を光の世界へと誘ったのです。前章で取り上げた春日明神も、第4章の弘法大師も、実は仏の垂迹にほかなりませんでした。

垂迹の所在地はこの世とあの世を結ぶ通路の役割を果たす場所として、浄土往生を願う人々の信仰を集めました。こうして中世には全国いたるところに、彼岸世界の入り口と考えられた霊場が誕生するのです。その際、重要な点は、霊場の設けられるスポットに一定の傾向性が見られることです。たとえば、多くの霊場に共通している要素の一つに、高くて見晴らしのよい場所という条件があります。鎌倉の外港である六浦（むつうら）を見下ろす上行寺東遺跡（第3章参照）などは、まさにその典型です。

そのため中世に新たに設けられた垂迹の所在地は、高野山の弘法大師の入定の地のように、のちに「奥の院」という名称が与えられることになりました。いまはそうした役割は忘れられてしまいましたが、中世まで遡ると、この世とあの世をつなぐ役割を果たしていた奥の院が、日本列島にはたくさんあったのです。

ここではその一つの例として、東北を代表する霊場として有名な山形県の宝珠山立石寺（りっしゃくじ）（天台宗）を取り上げてみたいと思います。

仙台と山形の間は、風光明媚な山あいを走ることで知られている仙山線が結んでいます。新緑や紅葉の季節には、列車の車内までが線路を覆う木々の葉の色に染め上げられます。

宮城県側の最後の駅である奥新川（おくにっかわ）を出た列車は、奥羽山脈から分かれ出た支脈が形成する谷川に沿って西に向かい、やがて主脈を貫く面白山（おもしろやま）トンネルに到達します。長いトンネルを抜けて、線路が山形（村山）盆地の開けた空間に出ようとするまさにその場所に、山寺の駅はあります。駅のホームに降り立つと、北に向かって正面に、急峻な傾斜地に堂舎の点在する立石寺の全景を望むことができます。

駅を出て門前町の商店街を抜け、寺に続く石段を登り詰めると広い境内があり、正面に南北朝時代（十四世紀）に建立された勇壮な根本中堂（重要文化財）がその姿を現します（上の写真）。

14世紀に建立された立石寺の根本中堂（重要文化財）

立石寺の開祖とされる慈覚大師（円仁）が手ずから刻んだ薬師如来像を本尊とし、開創以来「千二百年不滅の法灯」を守る場所と伝えられています。織田信長の比叡山焼き討ちの後には、絶えてしまった本山延暦寺の灯火を再興するため、ここから火がもたらされたといわれています。

しかし、これが立石寺のすべてではありません。本堂の背後には峨々たる巨石が折り重なる急な斜面があり、岩の合間を縫うようにして八百段の石段が山上の奥の院まで続いています。山麓の本堂に加えて、山上にある奥の院が、立石寺の二つの聖なる中心を形成しているのです。

山寺はなぜ建てられたのか

一六八九（元禄二）年五月二十七日、陸奥行脚の途次にあった松尾芭蕉は、ある人物の勧めによって立石寺を訪れました。山内を巡って堂舎を参拝した芭蕉は「閑かさや岩にしみ入る蝉の声」の句を残しています。

この句を記した『奥の細道』には《山形領に立石寺といふ山寺あり。慈覚大師の開基にして、ことに清閑の地なり》という言葉が見えます。慈覚大師円仁開基説は、芭蕉の時代から現代に至るまで、何の疑問もなく受け入れられてきたといってよいでしょう。しかし、実際のところ、立石寺創建の由来はいまだに深い謎に包まれているのです。

関東と東北には、比叡山延暦寺第三世、慈覚大師円仁（七九四―八六四）を開基あるいは中興とする寺院が数多く見られます。円仁は下野国（栃木県）出身の天台僧です。伝教大師最澄に師事し、その没後中国に渡って密教の新しい教えを日本にもたらしました。中国に滞在中、武宗皇帝の仏教弾圧（会昌の破仏・八四五年）に遭った苦難の体験を記した旅行記が『入唐求法巡礼行記』です。

平泉の中尊寺は、慈覚大師の開山と伝えらています。日本三景で有名な松島の瑞巌寺、下北半島の霊場恐山などの東北を代表する著名な寺院も、みな慈覚大師を開基と仰いでいます。

慈覚大師伝説を残す古寺を実際に歩いてみると、一つの共通の特色に気づかされます。その多くが、本堂の背後に奥の院に相当する施設をもつ山の寺であることです。

岩手県奥州市の黒石寺は、裸祭りとして知られる蘇民祭と、「貞観四年」（八六二年）造営の胎内墨書銘がある薬師如来の古像（重要文化財）を伝える寺として有名です。この寺には慈覚大師とされる肖像彫刻（重要文化財）も残されており、かつてこの像が安置されていたという背後の山上には、堂舎の痕跡や大師が修行したという岩窟（大師窟）があります（上の写真）。

慈覚大師修行の黒石寺大師窟

黒石寺が一時期、本堂と奥の院という二つの中心施設をもつ、立石寺と似た相貌を有する寺院だったことが分かります。私は中尊寺も、創建当初は藤原三代の遺体を収める金色堂を奥の院とする、立石寺と同様のプランによって建立されたものと考えています。いずれも、「山寺」「奥の院」をキーワードとする寺だったのです。

「山寺」も「奥の院」も、私たちにとってはきわめてなじみの深い言葉です。多くの日本人は、寺といえばすぐに木立に埋もれた山の寺をイメージします。それほどに、山寺は日常の光景に溶け込んだ存在となっています。寺に奥の院があっても、誰も不思議に思うことはありません。

しかし、仏教の伝来当初から、寺が山の中に造られていたかというと決してそうではありませんでした。四天王寺や薬師寺を見れば分かるように、奈良時代までは、寺院は開けた平地や都市の内部に造られるのが一般的でした。奥の院も、初期の寺院には見られない施設でした。

それでは、日本ではいつから山の寺や奥の院が普及し始めるのでしょうか。

まず山の寺についていえば、九世紀初頭に中国から新しい仏教をもたらした最澄と空海が、それぞれ比叡山と高野山を開いたことが、本格的な山岳寺院の時代の幕開けと考えられています。他方、奥の院に相当する施設はそれより遅れて、十一世紀ごろに高野山の弘法大師廟に始まりました。その後、醍醐寺、室生寺など天台宗と真言宗を中心に、山の寺が急速に普及していくのです。

こうした事実は、立石寺の創建年代を考える上で重要なヒントを与えてくれます。慈覚大師開基伝承をもつ多くの古寺が、奥の院を伴う山の寺であるとすれば、その成立が九世紀の慈覚大師の時代にまで遡ることはありえないからです。慈覚伝説の普及は、なによりも十一世紀以降に推進される、奥の院を伴う山寺の建立との関わりにおいて考えるべき現象なのです。

それにしても、なぜこの時期に、新たに山寺に奥の院が設置されるようになるのでしょうか。そうした伽藍配置は、いつ、誰の手によって東国に持ち込まれたのでしょうか。

奥の院が参詣の場となった理由

前章で述べたように、日本の古代では寺院のあり方は今日と全く異なっていました。

当時の官寺は現在の国立大学のような地位にありました。そこに住む官僧は、国家による選抜試験を経て任用された、いわば国家公務員にあたる存在でした。寺院が必要とする経費は基本的に国が保証すべきものであり、国家による財政的な裏付けがあったからこそ、官僧たちは日々の生活に心を悩ますことなく学問と修行に専念できたのです。

しかし、十世紀を転機として状況は一変します。律令体制が機能不全に陥るにつれて、財政的な余力を失った国家はリストラを断行し、それまで面倒をみてきた官寺を国家機構から切り離そうとするのです。国家の後ろ盾を失った寺院は、独力で自活の道を切り開いていくことを余儀なくされました。そのためには、個々の寺院が独自の財源を確保することが不可欠でした。

かつて部外者に堅く門戸を閉ざしていた伝統寺院の僧侶たちが、一転して積極的に世俗社会に分け入り、布教や勧進活動を推し進めていくのです。

伝統寺院は閉じられた学問と修行の場から、開かれた参詣の場へと変貌を遂げました。女性たちを担い手とする物語や日記などの平安王朝文学には、彼女らが京都周辺の社寺にしばしば参籠に出かけた様子が描かれています。

地縁・血縁を問わず不特定の人々を受け入れる新しいタイプの寺院が、次々と誕生していくのです。

しかし、ここで問題が起こります。いかに寺院側が熱心に布教活動を行っても、人々の心を引きつけるだけの魅力的な信仰を実際に提示できなければ、誰も寺院に寄付をしたり参詣に訪れたりはしません。

この時期の人々はどのような宗教的欲求をもち、寺院側はそれに応えるべくいかなる救済プランを用意したのでしょうか。死後の安楽の保証がまさにそれだったのです。

十一世紀ごろから、他界浄土のイメージの定着を前提として、現世での栄華ではなく死後の他界浄土への往生こそが人生の究極の目的とみなされるようになりました。いわゆる浄土信仰の隆盛です。その背景には、「日本」は、娑婆世界の中心である「天竺」（インド）から遠く離れた「末法」の「辺土」であるという世界観の定着がありました。末法辺土の悪人を救い取るために、浄土の不可視の仏がこの世に姿を現した存在が、仏像・聖人・神などの「垂迹」だったのです。

こうした現状認識を背景として、十二世紀には寺の由緒と霊験を説く寺院縁起や、垂迹の場の聖性を主張する垂迹曼荼羅・宮曼荼羅が数多く制作されるようになり、聖地に詣でて垂迹と対面する重要性が盛んに宣伝されました。垂迹の所在地はこの世の浄土であるとともに、遥かなる彼岸浄土への入り口でした。そこへ足を運び祈ることによって、浄土への往生が実現すると信じられたのです。

さまざまなタイプの垂迹のなかでも、中世においてとりわけ人気を集めたのが聖徳太子・弘法大師・慈恵（じえ）大師などの聖人でした。聖人信仰を媒介とする浄土信仰が鼓吹される一方、そのエスカレートに伴って増加する参詣者に対応すべく、多くの寺院では聖人を祀る新たな施設が寺内に設けられました。「奥の院」はこうして誕生するのです。

その結果、中世の寺院は本尊仏を安置する従来の金堂（本堂）に加えて、寺にゆかりの深い聖人を祀る奥の院というもう一つの聖域を有することが一般化しました。

金堂を焦点とし、中心から外周に向かって聖から俗の世界へと移行する古代寺院の同心円状のコスモロジーから、金堂と奥の院という二つの聖なる中心点＝焦点をもつ中世寺院の楕円形のコスモロジーへの転換が、広く進行するのです。この奥の院こそが、新たに霊場として再生する中世寺院の中核施設だったのです。

霊場として再開発された寺院

官寺としての古代寺院からの脱皮を目指した諸寺院は、人々に開かれた存在へと自己変革を遂げる一方、地方への教線の拡大を試みるようになりました。それは地方では、出店ともいうべき新寺院の建立と、廃れていた寺院の再興と末寺化という形態が取られました。寺院の全国チェーン化です。東国についていえば、もっとも活発にその動きを推進したのは天台宗であり、そうした運動の先端的役割を担ったのが、聖（ひじり）とよばれる行者だったのです。

　慈覚大師ゆかりの古寺の多くは、本堂の背後に奥の院に相当する施設をもつ山の寺でした。天台の聖たちは東国で寺院を開創あるいは復興するにあたって、同時代の最新のスタイルであった、本堂と奥の院という二つの聖なる焦点を有する霊場形式を導入しました。それが今日、東日本に数多く残されている山寺だったのです。

　千葉県は富津（ふっつ）市と君津（きみつ）市の境界に位置する妙覚山岩富寺（いわとみじ）（真言宗智山派）は、近年の発掘調査によって古代以来の歴史をもつ山寺であることが確認されました。中世には寺域中のもっとも高く見晴らしのよい場所に人工の平場が造成されて、掘っ建て柱の小堂が建てられていました（左の写真）。その区域からは壺に入った火葬骨、五輪塔、また「南無阿弥陀仏」の文言や『法華経』の一文が墨書された玉石、などが出土しています。散骨が繰り返された形跡も見られます。ここはかつて浄土信仰に基づく納骨の行われていた奥の院に相当する施設でした。まさに典型的な中世の納骨霊場です。

古代以来の山寺とされる岩富遺跡奥の院

日蓮が修学時を過ごした千葉県鴨川市の清澄寺（せいちょうじ）は、房総半島の脊梁をなす丘陵を隔てて、岩富遺跡と背中合わせの位置関係にあります。清澄寺は、慈覚大師中興伝説をもつ比叡山横川（よかわ）流の山寺でした。当時の伽藍配置は定かではないものの、その地勢から考えて霊場形式の山岳寺院であったことはまちがいありません。

岩富寺が天台寺院だった清澄寺と地理的に近く、構造的にも類似していること、十二、十三世紀には房総半島が天台の宗教文化の強い影響下にあったこと、『法華経』と念仏を合体した浄土信仰が行われていたことなどを考え併せると、岩富寺と清澄寺がほぼ同時期に天台の霊場として再開発された可能性はきわめて高いと考えられます。

両寺の周辺には納骨穴を備えたやぐらなど、聖の活発な活動を推測させる中世の遺跡が多く残されています。出土遺物からみて、平安時代前期の岩富寺に、その前身となる山の寺＝山林寺院が存在したことはまちがいありません。平安後期のある時期、おそらく十一世紀後半から十二世紀にかけて天台僧が房総半島に進出し、その活動ルートに沿って清澄寺や岩富寺など、「浄土信仰」「山寺」「奥の院」をキーワードとする、全く新たなコンセプトに基づく寺院を創り上げていったのです。

寺院守護のための慈覚大師伝説

平安後期と推定される天台宗の東国進出は、どこで慈覚大師伝説と結びつくのでしょうか。この問題に関連して注目されるものが、いま立石寺に残されている、一五四三（天文十二）年に書写された「円仁置文（えんにんおきぶみ）」という一通の古文書です。

この文書は八六〇（貞観二）年十二月三十日に円仁が作成したことになっています。はじめに立石寺の四至（寺領の範囲）が示され、四つのランドマークで区切られる三百八十町の土地を円仁が砂金一千両・麻布三千段で購入し、寺領に定めたことが記されています。次いで、永代燈油田の設定や経典の書写、松島寺（瑞巌寺）・立石寺の建立といった円仁の事績が述べられ、比叡山延暦寺が「王法」と「仏法」の相互依存の良き伝統に立脚する、国家にとって不可欠の存在であることが強調されます。そして最後には、いま「勝地の霊崛」で「五大尊の秘法」を修したが、これは「上天子より下庶民にいたるまで」等しく利益を施すためであり、役人はこの旨をよく理解して当山の仏法を永続させるように努力しさえすれば、この世での望みが満たされるだけでなく、死後も救済が確実であることが述べられるのです。

この置文は内容からいって円仁自身によるものではなく、寺院による土地の占有が進行する一方、それを阻止しようとする国家の出先機関（国衙）とのせめぎ合いが強まる、十一世紀以降に作成されたものであることはほぼまちがいありません。

ここで説かれる仏法と王法の関係は「仏法王法相依論」とよばれる論理であり、十一、十二世紀に定式化されて頻繁に用いられたものです。寺領の所有を保証すれば寺家の経営は安定し（仏法興隆）、それが支配権力の安定につながる（王法長久）ことを主張するこの論理は、古代社会から中世社会への転換期において、みずからの支配する荘園への俗権の関与を嫌う寺院側の立場を正当化するために編み出されたものでした。

天台の聖による地方寺院の建立と復興は、信仰の対象としての堂舎を建てて伽藍を整備するだけではありませんでした。彼らは中央から持ち込んだ最新の土木技術を用いて新道を通し、水路を拓き、周辺の土地を開発して寺の経済的な基盤とすることを目指しました。

しかし、ひとたび獲得された寺領荘園も、それを安定して保有することは容易ではありませんでした。近隣の領主との境界論争や、国家による没収、住民たちの反抗など、この時期、領地をめぐるトラブルは絶えることがなかったからです。

外部からの寺領への干渉を防ぎ、安定した荘園経営を実現するために、各寺院は寺領荘園の本源的な所有者に、本尊仏や寺にゆかりの深い祖師聖人を宛てるようになりました。東大寺が自分の荘園を「大仏御領（だいぶつごりょう）」とよんだのはその典型です。東大寺の領地は大仏の土地であり、その侵略はとりもなおさず仏に対する敵対であると主張するのです。

中世の寺社はこのような論理を用いて領地を神聖化し、神仏の威力を借りて俗人や俗権の介入を排除しようとしました。

また、聖徳太子の遺言とされる「四天王寺御手印縁起（してんのうじごしゅいんえんぎ）」（四天王寺）など、創始者に仮託された置文や起請文が相次いで偽作され、寺領支配が神秘化されていくのです。慈覚大師は下野国の出身であり、生前に東国を教化して廻るなど東国に深い縁をもつ人物でした。東北の寺院を再建して回った天台宗の聖たちは、天台宗を代表する学匠であり、東国に名を知られた慈覚大師に寺領守護の役割を期待しました。それがいまに残る慈覚大師伝説の淵源であると、私は考えているのです。

「円仁置文」もおそらくは、そうした歴史的な文脈のなかで立石寺の領地支配を正当化するために、慈覚大師の名を借りて創作されたテクストでした。

立石寺には立谷川（たちやがわ）の渓谷を見下ろす高台に、「入定窟（にゅうじょうくつ）」とよばれる封印された岩窟があり、そこに慈覚大師が眠っているという、たいへん興味深い伝説があります。

戦後の調査では、この岩窟内部から平安時代後期と推定される金棺が出現し、学界の注目を集めました。そのなかには、頭部だけの肖像彫刻（「木造慈覚大師頭部」重要文化財）と骨が納められていました（写真）。

立石寺の入定窟から発見された慈覚大師の木造頭部（図録『慈覚大師円仁とその名宝』より）

私は高野山の大師廟を思わせるこの入定窟こそが、当初の立石寺の奥の院だったと考えています。その成立も、寺領の形成が進む一方、その守護者として、また浄土への道案内人としての慈覚大師がクローズアップされる十二世紀のことであったと推測されるのです。

7 この世とあの世を結ぶ通路として霊場の多くに坂があるのはなぜか

化粧坂　日本各地

板碑と坂が形作る中世の風景

私は前章で、中世の日本列島にはこの世とあの世を結ぶ通路ともいうべきたくさんの霊場があったこと、その立地には一定の傾向性が見られることを論じました。後に「奥の院」とよばれるようになる、見晴らしのよい高台はその代表的な条件でした。霊場を生み出す地理的条件はそれだけではありません。もう一つの代表的な地形に、坂があります。

仙台市青葉区川内（かわうち）にある東北大学の文系キャンパスは、伊達政宗の築いた青葉城の旧二の丸区域に位置しています。その南側正面には、本丸のあった青葉山がそびえ立っています。キャンパスに接する青葉山の北斜面一帯は現在、東北大学の植物園になっています。

　文系キャンパスを抜けてまっすぐ南に向かうと、すぐに山裾にぶつかりますが、そこが植物園の入り口です。門を抜けて少し歩くと道が二手に分かれていて、右側の小道に入って急斜面を上ると、「蒙古の碑」とよばれる二基の石碑の建つ狭い平場に出ます（写真）。

　この古碑は鎌倉時代に建立されたもので、板碑（いたび）と呼ばれるジャンルに属するものです。板碑は第2章の「医王寺」で論じたように、死者の救済を願って中世に建立された供養塔です。このうち一二八七（弘安十）年の日付をもつ等身大の幅広の碑は、上部にバン（金剛界大日如来）・バク（釈迦如来）・ア（胎蔵界大日如来）の種字（しゅじ）（仏菩薩などを象徴する梵字）をもち、下部には亡くなった「陸奥州主」の菩提を願う銘文が刻まれています。四メートルの高さをもつ一三〇二（正安四）年建立の方には、カンマーン（不動明王）の種字と四十余名の講衆の極楽往生を祈る願文があります。

東北大学植物園にある鎌倉時代に建立された「蒙古の碑」

　この二つの板碑は、いずれも青葉山近辺にはない石材を用いて作られています。弘安十年の板碑の材質はアルコース砂岩であり、現在地から北東に十キロほど離れた岩切地区の産です。正安四年のそれは、さらに遠い石巻近辺で産出される井内石（いないいし）を用いています。つまり、人々は故人と自らの救済を願って、遠方から莫大な労力を用いて石を運び、祈りを込めてこの碑を建立したのです。

もう一つ注目されるのは、青葉山の板碑の建っている場所が坂の途中だという点です。この坂道は単なる遊歩道にしか見えませんが、中世まで遡れば最上街道（もがみかいどう）だったところです。太平洋側と山形盆地を結ぶメインルートがここを通っていたのです。人気のない植物園の木陰にひっそりと佇む二基の古碑は、いまから七百年遡った過去には、街道を往来するたくさんの人々を見守り、その祈りを受け止める聖なる存在だったのです。

弁慶坂と板碑が残る石雲寺（左上）

青葉山以外にも板碑はしばしば坂に沿って建立されていました。仙台の北に位置する旧松山町（大崎市）は宮城を代表する地酒「一ノ蔵」を生み出す一ノ蔵酒造の所在地として知られていますが、中世に遡る宿場の街でした。南に町家が途切れると街道は弁慶坂とよばれる上り坂となります。その途中にある曹洞宗石雲寺（せきうんじ）には伊達家の重臣だった茂庭氏の霊屋や高野槙の巨木とともに、中世の板碑群が残されています（上の写真）。

東北大学の川内キャンパスから広瀬川を北に渡った先にある澱（よどみ）

不動尊の板碑は、文永年間（一二六四～七四）に遡る古くて精緻な作品です。この板碑も、もともとは広瀬川の支流がえぐった沢に沿う険しい登り道にあったと考えられています。これ以外にも、大崎市岩出山の天王寺、栗原市高清水の善光寺など、宮城県だけでも街道沿いの坂にある板碑の例には事欠きません。

なぜ化粧坂と名付けられたのか

いま私は、霊地と坂が結びついている例をあげましたが、興味深い点は、そうした坂が中世にはしばしば「化粧坂」（けわいざか・けしょうざか）という名称でよばれていたことです。

鎌倉にある化粧坂切通し

「化粧坂」という名を聞いたとき、多くの方が思い浮かべる場所は鎌倉にある化粧坂切通しではないでしょうか（写真）。この切通しは、鎌倉と外界との出入り口になっていた鎌倉七切通しの一つです。

この化粧坂の名称が文献に初めて現れるのは、鎌倉幕府の歴史を記した『吾妻鏡』の一二五一（建長三）年十二月三日条で、「気和飛坂山上」という言葉がそれにあたるといわれます。

一三三三年の鎌倉幕府滅亡の時、この坂は守備側の北条氏と攻める側の新田義貞勢との激しい攻防戦の舞台となりました。化粧坂切通しを突破されれば防衛線が崩壊する北条方は必死でこのラインを持ちこたえ、義貞にこの地点からの侵入を断念させました。それが稲村ガ崎での新田義貞の伝説、「剣投ぜし古戦場」（文部省唱歌「鎌倉」）の伏線です。

現在「化粧坂」の地名で知られている坂に向かうには、ＪＲ鎌倉駅西口を出てすぐに右折し、今小路を山手の方角に進みます。道はやがて横須賀線の線路と接するようになり、左手に寿福寺の門が現れます。そこを過ぎて、両側から山が迫り来る扇ガ谷に入り込んだあたりで道標を頼りに左に折れ、道なりに歩けばすぐに化粧坂の上り口です。そこからは山上に向かって、凹凸のある岩盤の露出する急な坂道が続きます。登り切った場所は開けた平場となっており、桜の名所である源氏山公園や日野俊基を祀った葛原岡神社があります。

それにしてもなぜ「化粧坂」なのでしょうか。この興味をそそられる名称の由来は、すでに様々な仮説が提示されています。たとえば、源平内乱時に打ち取った平家の武将の顔に死化粧を施し、首実検をしたからだ、という説があります。また、昔この辺りに遊女が住んでいて、その化粧から連想された名称という説があります。ここが鎌倉の内と外を隔てる境界であるため、人々が鎌倉入りにあたって、この場所で衣装の乱れを直した＝化粧したことに由来するという説もあります。

しかし、私はどの見解にも違和感を覚えてしまうのです。もし従来の諸説が正鵠（せいこく）を得ていないとすれば、化粧坂の由来をどう考えればいいのでしょうか。

坂に込められた「境界」と「死」

改めて鎌倉の化粧坂周辺の史跡に目を向けてみます。二〇〇〇年から翌年にかけて行われた発掘調査では、化粧坂切通しの周辺から荼毘の跡が発見されました。この地は鎌倉時代には、死体処理と葬送儀礼が行われた場所だったのです。

化粧坂切通しでは処刑も行われていました。鎌倉時代末期に反北条の企てが露見し、捕らえられた後醍醐天皇派の公家日野俊基は、ここで首を切られています。葛原岡神社は俊基を祀った神社で、すぐそばにはその墓もあります。この一帯が墓地として使用されていた可能性はきわめて高いと考えられます。中世の化粧坂は死者の世界に接する場所、この世とあの世の境界に位置する地であり、濃厚な死の臭いに彩られたスポットだったのです。

いま、鎌倉の化粧坂の特色を示すキーワードとして、「境界」と「死」をあげました。興味深いのは、この二つの要素が他の化粧坂にも共通するもののようにみえる点です。第3章で、私は静岡県磐田市の一の谷遺跡を取り上げました。実はそのすぐ近くにも化粧坂は存在していたのです。

一の谷遺跡を構成する墳墓群は、一九八四年に発見された最大規模の中世墓地でした。この遺跡のある磐田市は、かつて見附(みつけ)と呼ばれました。見附は中世には遠江国の国衙(こくが)や守護所が置かれていた地で、商都の機能も兼ね備えた東海道を代表する都市でした。一の谷遺跡はこの町の住人の共同墓地だったのです。

当時の見附の中心地から見ると、一の谷は北西の郊外に当たります。化粧坂は、都市見附とその住民たちの共同墓地である一の谷を結ぶ線上にあり、墓地を間近に仰ぎ見ることのできる場所に位置していました。この坂は中世都市見附の北の境を示すものだったのです。

化粧坂は地理的な意味で中世都市見附の境界をなしていただけではありません。見附の住民たちは死者が出ると、この坂を越えて遺骸を一の谷に運び、火葬や埋葬を行いました。化粧坂は死者が現世を離脱して別世界に向かうその最初の関門であり、両界を隔てるシンボリックな地点にほかなりませんでした。化粧坂は世界観の面でも、この世とあの世の境界としての意味を持たされていたのです。

化粧坂に作られた霊場

化粧坂の地名は全国に見られますが、特に東北地方に濃厚に分布しています。仙台市の中心部から北に十キロほどに位置する岩切地区は、中世には陸奥国府が置かれたところであり、東北の中核をなす地域でした。古代に東北支配の拠点として設置された多賀城は、ここから数キロの距離です。岩切は石材を切り出したことから付けられた名称で、先述の青葉山の板碑もここから運ばれたものでした。

中世の主要幹線である奥大道は平野部を北上してこの岩切に至ります。岩切の中心部には東西に七北田川が流れており、船によって海から運ばれた物資がここで陸揚げされました。岩切は街道による陸上交通と舟運が交差する交通の要衝だったのです。川沿いには町家が展開し、市場が形成されていました。

七北田川を越えた奥大道は、国府や武家屋敷、町家などが集まる岩切の市街地を抜けると緩やかな登り坂にかかります。現在、七北田川には岩切大橋が架かっており、その上を仙台と利府・松島を結ぶ主要道路である利府街道が通っています。利府街道は橋を渡ると登り道になりますが、その坂を登りきったあたりが、現在「化粧坂」という名称で呼ばれています。本来は、奥大道がこの丘陵を這い上がる坂が化粧坂であったと推測されます。

岩切の化粧坂周辺は宮城県でももっとも数多い板碑が集中する場所の一つとして知られています。利府街道の左手には並行して旧道が走っていますが、西側には岩切の後背をなす最高峰の高森山（たかもりやま）に連なる丘陵が続きます。現在「羽黒前（はぐろまえ）」「若宮前（わかみやまえ）」という地名のある街道を見下ろすその丘陵上に、いくつもの古い塚や板碑が確認されています。近年行われた相次ぐ道路工事や宅地開発によって往時の景観を偲ぶことは容易ではありませんが、化粧坂に沿って霊場ともいうべき聖域が広がっていた様子がうかがわれます。

化粧坂一帯が霊場だった時代の様子を伝える遺跡が、そのすぐそばに存在します。東光寺遺跡です。七北田川の岩切大橋の一つ西側に今市橋が架かっていますが、それを北に渡ったところに、高森山から延びる小さな丘陵が張り出しており、その丘に包み込まれるようにしてこの遺跡はあります。

この地には現在、寺院が存在します。そのため境内の整備や墓地の整理によって、往時の景観は大幅に変わってしまいました。それでもこの地は、中世の墓地の面影を留める重要なスポットです。いま私たちが目にすることができるのは、ここが墓地だった形跡を示す多数の板碑です。境内の中腹にわざわざ曲輪（くるわ）を築いてそのなかに建てられている二基の大型板碑は、その代表です。板碑の周辺には大型板碑に結縁するかのように、粘板岩製の小型板碑が建ち並んでいます。板碑の前面からは、火葬骨が検出されています。そのすぐ側には、薬師仏を刻んだ磨崖仏も現存します（左の写真）。

これらの遺跡が集中する高台に立てば、七北田川の光る川面とどこまでも広がる水田風景を望むことができます。七百年の時を超えて吹き続ける霊場の風を、頬に感じることができるのです。

仙台市郊外にある化粧坂の板碑近くに祀られた磨崖仏

化粧坂・板碑・堂舎が連なる訳

東北にはこれ以外にも化粧坂という地名が数多く残されています。岩切以外でも、化粧坂が周辺に板碑を伴ったり、古い伝承を残す例は少なくありません。

仙台を出た東北本線はいったん東にカーブして塩釜―松島間で海岸に接した後、再び内陸に入り、米どころの大崎平野を北上します。平野のなかほどにあって、東北線から東西に石巻線と陸羽東線（りくうとうせん）が分岐するターミナルとなっているのが小牛田駅（美里町）です。小牛田駅のホームに沿った東側はなだらかな丘陵をなしており、いまは住宅地と畑が混在するのどかな光景を醸し出しています。この丘陵に向かって小牛田駅の方向から登る狭い道が、化粧坂とよばれています。

小牛田の化粧坂は線路に接した地点から緩やかなS字を描いてゆったりと伸び上がっています。この坂道は、住宅地のなかのありふれた生活道路であり、歴史を感じさせる遺跡は何もありません。しかし、坂を上り詰めてしばらく歩くと、丘陵の最高点に当たる場所に、赤い鳥居とプレハブ風の小さなお堂が建っているのが目に入ります。境内の入り口には大きな石の案内板が立ち、鎌倉時代にまで遡るというこの薬師堂の由来と、小野小町が池を水鏡として化粧を直したという坂の名称の由来が刻まれてあります。お堂の裏手に回ると柱と屋根だけの覆い屋があり、その下に十体ほどの梵字を伴う古碑がコンクリートで固定されています。中世の板碑群です。

本来の化粧坂は現在のそれとは違って、薬師堂の裏手から上ってくる急坂をさしていたといわれています。板碑そのものが、本来の位置から移動している可能性も否定できません。そうした要素を考慮しても、ここには化粧坂・板碑・堂舎と古い伝承がワンセットになった、中世まで遡りうる霊場的な信仰世界を垣間見ることができるのです。

なぜこのように坂と霊場が結びつくのでしょうか。それは坂がかつて「さかい」＝境界と認識されていたことと、深く関わっていると考えられます。

前近代の社会では、人間の生活空間は近代以降のそれとは全く異なる形で分節化されていました。内と外を隔てる境界は、屋敷―集落―村といった重層的な空間区分に従って、同心円のように幾重にも設定されていました。その際、境界となる指標として、川・峠・浜などがしばしば用いられましたが、坂もまた重要な目印でした。中世の京都や鎌倉で、その市域の内部と外部を隔てる境界と観念された地で営まれた四角四境祭（しかくしきょうさい）では、山崎・六浦などの港湾、賀茂川・片瀬川などの河原と並んで、逢坂（おうさか）（京都）・小袋坂（こぶくろざか）（鎌倉）といった坂がその名を連ねています。

青葉山の板碑が建つ地点は、仙台平野を南北に縦断する奥大道から分かれた最上街道が、平野を離れてまさに山地にさしかかろうとする坂の途中にありました。そこは仙台平野という一つの完結した空間が終焉を迎える地であると同時に、岩切を中心とする陸奥国府の支配地の南西の境界にもあたっていました。板碑はまさしくそうした地を選んで建立されていました。岩切の北に位置する化粧坂もまた、府中とその北方に広がる外部世界とを隔てる、紛れもない境界の地でした。

青葉山が仙台平野―陸奥国府の支配領域の南西の外れであるとすれば、その正反対に当たる北東の境界が、松島にほかなりません。岩切と青葉山を結ぶ直線を反対方向にほぼ等距離だけ延長すると、その先端は松島に到達します。松島も岩切と並んで板碑が豊富に残存する地でした。とりわけ雄島は板碑の密集地として知られ、納骨の風習も行われていました（写真）。

東に海を望む六浦が中世都市鎌倉の境界と観念され、そこに霊場―共同墓地が形成されたように、松島もまた陸奥国府の境界の地として、霊場の色合いに染め上げられていたのです。

板碑が多く建てられた松島の雄島は納骨地だった

境界の地の象徴的装置として

霊場と坂に関連して、もう一つ踏み込んでおきたい問題があります。それは、境界として認識されていた坂が、しばしば「化粧坂」（けわいざか・けしょうざか）の名称でよばれていた理由です。

民族学や文化人類学の成果が示すように、化粧は仮面と同様、変身を象徴する行為でした。祭りなどのハレの儀式にあたって、参加者が男女を問わず入念な化粧を行い、仮面を着用することは世界中で見られる現象です。いま日本ではハロウィーンの仮装が大流行していますが、化粧や仮装によって自身が内側から変わってしまった、という体験をお持ちの方は少なくないと思います。「化粧坂」という名称は、その地がもつ境界性とそこを通ることによる境界の突破＝変身をきわめて端的に象徴するものだったのです。

坂はこの世の空間を分節化する指標だっただけではありませんでした。古来、現世と異界を分ける場所の意味も含有していました。黄泉の国に向かうイザナギが通ったヨモツヒラサカは、そうした地でした。海中にある海神の国との間には海坂(うなさか)があると信じられていました。異界の観念、および現世―異界の関係性に時代による変動はあっても、そこが境界の地であるという点で認識は一致していました。この世とあの世との接点ともいうべきその地に、故人の霊魂を彼岸に送り出す装置である板碑が建立され、霊場化していった意味は、まさにその点にあったと考えられるのです。

第2部

古代からカミと仏の習合へ

8

日本人は死者そしてカミをいかにして認識し始めたのか

大湯環状列石　秋田県鹿角市

日本列島生活史はいつからか

お盆やお彼岸などの折々に子孫が先祖の墓を訪ねて死者と交歓する風景は江戸時代以降に見られるものであり、それ以前の中世といわれる時代まで遡れば、この世に留まる死者は不幸な存在と考えられていました。つまり、中世の霊場はこの世とあの世との接点であり、そこから首尾よく悟りの世界に飛び立つことが人々の理想だったのです。

ここで当然、一つの疑問が涌き起こります。中世よりも前の時代では、死はいったいどのようなものとして理解されていたのでしょうか。そもそも、この日本列島に住む人々が死を認識し、死者を悼むようになったのはいつのことなのでしょうか。私たちはこの問題を胸に抱きながら、これからの数章で、列島の時空を可能な限り遡ってみたいと思います。

日本列島で生活の明確な痕跡が見られるようになるのは、いまから一万五千年ほど前に始まる縄文時代のことでした。世界史の時代区分では、先史時代は旧石器時代と新石器時代に分けられます。この区分に従えば、縄文時代は新石器文化に属することになります。

それでは日本列島には旧石器文化はなかったのでしょうか。実は存在したのです。相沢忠洋氏による有名な「岩宿の発見」（一九四九年）が、旧石器文化研究の幕開けでした。その後、各地で旧石器時代に遡る地層から石器が発見され、その始原の時期も次々と塗り替えられていきました。そしてついには、七十万年前という世界的に注目されるような古い時代にまで、日本列島の旧石器文化は遡ることになったのです。

その動きに冷や水を浴びせたのが、二〇〇〇（平成十二）年に発覚した旧石器の捏造事件です。「神の手」と呼ばれる著名な発掘者が、調査の前にみずからの手で石器を現場に埋めていた瞬間が毎日新聞の記者によってスクープされたのです。このショッキングな出来事によって、先史時代の教科書の記述は根本的な書き換えを余儀なくされました。

こうした事態もいまは落ち着きを取り戻し、改めて旧石器時代の探索が進められていますが、そこから発掘されるのは当時の人々が使用していた石器だけで、生活の様子をうかがわせるような痕跡は見つかっていません。人々の暮らしぶりが具体的に分かるのは、縄文時代に入って以降のことなのです。

縄文期になぜ墓が作られたのか

秋田県鹿角市（かづのし）にある大湯環状列石（おおゆかんじょうれっせき）は日本を代表するストーンサークルです（次頁の写真①②）。この遺跡は近接する「野中堂（のなかどう）」と「万座（まんざ）」という二つの環状列石からなっており、成立は四千年から三千五百年前の縄文時代後期と推定されています。ストーンサークルといえば、イギリスのストーンヘンジが有名ですが、巨石を組み合わせたそれとは異なり、大湯の場合、河原から運んだと思われる多数の石を帯のように並べて作られています。

大湯環状列石へのアプローチは、東北自動車道の十和田インターから始まります。高速道路を出て毛馬内（けまない）の町並みを抜ければ、遺跡まではわずか数分のドライブです。鉄道を利用する場合は、十和田八幡平（はちまんたい）四季彩ラインの十和田南駅からタクシーを使うことになります。どちらも短い距離ですが、東北の農村の風景を堪能できるルートです。

大湯環状列石は、どこまでも草原が広がる見通しのいい丘の上にあります。冬は雪に閉ざされますが、春から秋にかけては頭上から何も妨げるもののない太陽の光が降り注ぎ、四方には鹿角盆地を取り囲む青い山並みを望むことができます。東北の縄文遺跡を歩いていると、海や川に面した台地上に作られたその立地の良さを実感しますが、この遺跡も例外ではありません。

二つの列石のうち、より大型の万座遺跡は、石で作られた帯状の二重の同心円によって構成されています。大きい輪の直径は五十メートル弱で、内側の輪との間に独立した一つの石組みが存在します（写真①参照）。これは細長い柱状の立石を中心にして、そこから外に向けていくつもの石を放射状に並べ、さらに全体を石で囲い込んだもので、「日時計」とよばれています（次頁の写真）。環状列石の中心から日時計に向かって直線を引いた先が、夏至の太陽の沈む地点に当たっており、それを意識して計画的に作ったとい

① 秋田県鹿角市にある大湯環状列石は墓だった

② 大湯環状列石が示す集落の中の死者の居場所

う説が広く受け入れられています。

一九五〇年代以降に実施された発掘調査でその全貌が明らかになり、日本最大の環状列石として全国に知られるようになったこの遺跡ですが、当初はなんのために作られたものか分かりませんでした。その後、幾度かの調査と専門家の分析を経て、今日ではこれが縄文時代の墓地だったという事実が確定しています。万座遺跡の周辺には掘立柱形式の建物が並んでいたことも分かってきました。現在の遺跡ではその建物が復元されています。

埋葬の場か、日時計とよばれる環状列石

大湯環状列石の分析を通じて縄文時代の墓地の様子が解明され、当時の人々がたいへんなエネルギーを費やして墓を造営していたことが明らかになってきました。日時計といわれる石組みや周辺の建物のあり方から、単に遺体を処理するだけでなく、なんらかの宗教的行事が行われていた可能性も論じられています。遺跡を構成する石は、大湯の東方にある安久谷（あくや）川から四キロ以上の道のりをわざわざ運んだと考えられており、そこに注ぎ込まれた甚大な労力とこの大規模な施設造営を指揮した指導者のリーダーシップが注目されています。

縄文集落墓地の内から外への謎

当初の状況がほぼ復元された大湯環状列石は、縄文人の死生観をうかがうことのできる絶好の素材です。そこにいったいどのような死の観念を読みとることができるのでしょうか。これはなかなか難しい課題ですが、それを考えていくための手がかりが、大湯環状列石以前の墓地との対比にあります。

すでに述べたように、大湯環状列石は縄文時代でも「後期」に属する遺跡です。それ以前の「中期」に遡る墓も数多く発見されています。それらのより古い墓の立地には、一つの共通性が見られます。墓地が集落の内部に設けられていたことです。

縄文時代には、数世帯から最大五百人ほどの人々が共同生活を送っていたことが知られています。その集落の代表的な形態は、広場を中に挟んで、それを取り囲むように円形に住居が建ち並ぶというものでした。そして中期以前では、死者は多くの場合、その広場に埋葬されていたのです。岩手県紫波町（しわちょう）にある西田遺跡はいまから四千五百年ほど前の縄文中期の遺跡ですが、中央の広場に作られた土壙墓（どこうぼ）（穴を掘った墓）百九十二基の外側に掘立柱の建物群が並んでいます。真ん中に死者を葬る墓域をもち、それを生者の住居が取り囲むという構造が、長期にわたり縄文集落の基本形をなしていました。

ところが縄文時代も後期に入った頃から、集落と墓地との関係に変化が生じ始めます。墓地が集落を飛び出して、日常の生活圏から離れた場所に形成されるようになるのです。東日本に多く見られるストーンサークルはその典型でした。大湯環状列石はまさにこの段階の遺跡だったのです。

こうした現象をどのように解釈するかをめぐっては、専門家のあいだでもさまざまな意見があります。そのなかでも、多くの人々によって認められている説は、これが生者と死者の世界の線引きを意味するというものです。

ある段階まで、縄文人にとって死んだ人間は活動をやめた仲間でした。死者の身体とは別個に、死後も継続する人格が明確に想定されることはありませんでした。かつて若者だったとき、入門儀礼を経て共同体の仲間入りをした人物は、死を迎えた際には共同体を離脱する儀式―葬儀を終えて、集落の中心の広場など、それまで生活していたところと同じ空間内に埋葬されました。幼児の場合は、住居の内部など、より身近な場所に埋葬される例が見られます。生者と死者は同じ生活空間・同じ世界を共有し、同じ空気を吸っていたのです。

それに対して、墓地が集落から離れていくという現象は、生者の世界とは異質な死者だけの世界が存在することを、人々が広く認識するようになったことを意味します。生者が寄り集まって共同体を営みながら生活しているように、死者も独自の空間を保有し、そこで自律的な生活を営んでいるのです。

大湯環状列石は死者たちの居住の場でした。労力を惜しむことなくその整備を行ったのは、死者に快適な日常生活を送ってもらうためでした。墓地では、そこで生活する死者たち＝祖霊のための定期的な祭祀が行われるようになりました。人々の間で、墓地に住んで祭祀を受ける対象としての霊魂（祖霊）のイメージが共有されるようになるのです。

しかし、まだこの段階では、祭祀の対象としての祖霊は墓地に葬られた匿名の死霊の総体にすぎず、そこから特定の人物の霊だけが分離し肥大化することはありませんでした。七世紀になって現れる「天皇霊」や藤原鎌足の霊のように、特定の人物の霊魂が匿名性を解消して霊の集合体から抜け出し、御霊（ごりょう）のような傑出した存在に成長していくまでには、まだ長い時間が必要だったのです。

見えるカミから姿なきカミへ

日本列島に住む人々は、こうしたプロセスを経ていまから四千年ほど前に、肉体は朽ちてもなくなることのない霊魂を発見しました。これは死生観の変化というレベルを超えて、私たちに馴染みの深い日本の神の淵源を考える上でも、重要なヒントを与えてくれるものです。

この列島において、人々が最初に日常世界を超える聖なる存在＝カミを感じたのは、どのようなものに対してだったのでしょうか。それは世界の他地域とも共通することですが、人間の理解や能力の及ばない自然現象に対してであったと推定されます。『古事記』『日本書紀』『風土記』など、現存する最初期の文献には神が多く登場します。その大半は動物や自然現象など、周囲に存在する事象のなかにカミの働きを見出すものでした。

縄文人にとって日月の交代劇、雷鳴と雷光、種子の発芽と成長といった身の回りの現象は、カミの働きそのものでした。あたかも無から有が生じるごとき妊娠と出産のプロセスも、人知を超えた出来事と見えたにちがいありません。ワニザメや大型の鳥類などある種の動物たちがもつ超人的な能力もまた、カミの特性として把握されたことでしょう。畏怖の念を抱かせる巨岩や大木にも、人々は神秘的な威力を見出していました。

カミは当初、カミと認識された対象と一体のものとして把握されていました。萌え出ずるアシの若芽は、その生命力そのものがカミでした。ワニザメや鹿や白鳥は、一つひとつの個体がそのままカミと認識されていました。縄文土器に表現されたヘビやイノシシもカミでした。

個々の土偶もそれぞれがカミにほかならなかったのです。

しかし、縄文時代も後期に入ると、カミ観念はやがて次の段階への転換を開始します。特定のモノや現象を即自的にカミとみなす段階から、それらの個々の事象の背後にあって、それを引き起こす根源のパワーとしてのカミを想定する段階への移行です。目に見えない霊的存在があるものに乗り移ることによって、それが人知を超えた存在に上昇するという発想です。カミが、カミと認識されていた個別具体的な対象から分離して、より抽象化された存在として捉えられるようになるのです。

たとえば、「チ」「ミ」「タマ」と呼ばれるものがそれでした。「タマ」は稲魂（いなだま）・木霊（こだま）のように植物の霊とされる一方、動物や人間の霊威もタマという言葉で表現されていました。タマはもはや憑依の対象とは別次元の存在であり、その宿主に影響を与えることはあっても、宿主のもつ固有の性質に縛られることはなかったのです。

もちろん、こうした新たなカミ観念が誕生しても、ある実体をそのままカミと把握する見方がすぐさま消え去ってしまうことはありませんでした。ヤマトタケルが出会った伊吹山の神は、白いイノシシの姿をしていました（『古事記』）。『常陸国風土記（ひたちのくにふどき）』（行方郡（なめかた））には、ヘビが夜刀（やつ）の神として登場します。しかし、祭祀儀礼などの整備に伴い、カミ観念の抽象化がしだいに進行したことはまちがいありません。

こうしたカミの抽象化・不可視化が、死後世界のイメージの変貌と密接に関わっていると考えられるのです。先に述べたように、縄文時代の後期になると住居から墓地が分離し、死者の世界が自立していく現象が広く見られるようになります。ちょうどその時期は、ハート型土偶や遮光器土偶（左の写真）といった、明らかに人間離れした形状をもった土偶が作られ始めるときでもありました。抽象性の高い土偶の出現は、具体的なモノや現象から切り離されたカミ観念の成長を示す指標と考えられます。タマと霊魂が、それぞれ動植物、遺体といった物質の拘束から解放されて理念化され、習合しながら超越性を高めていきました。それらの目に見えない存在によって構成されるもう一つの世界のリアリティが人々に共有されていくのです。

人間離れした形状の遮光器土偶はカミ観念の可視化か（重要文化財・東京国立博物館蔵）出典：ColBase（https://colbase.nich.go.jp/）

対話すべき相手とされた弥生のカミ

カミの抽象化は弥生時代に入ってさらに進展します。弥生時代には縄文時代の土偶のように、カミが具体的な形をもって現されることがなくなった時代でした。カミが姿を消してしまうのです。銅鐸や土器に、カミの依代（よりしろ）としての木やカミを祀る建物、祭祀の主宰者としてシャーマンが描かれることはあっても、カミそのものは表現されませんでした。カミを祀る人はいても祀られるカミが見えないという状況が弥生時代の特色だったのです。

この時代、カミはおおよそあのあたりにいるという目安はあっても、どこか一個所に定住することはありませんでした。そのため弥生時代から古墳時代にかけてのカミ祀りの形態は、カミを祭祀の場に勧請し、終了後に帰っていただくという形式が取られました。それ以前にはなかった集団的な祭祀儀礼の痕跡が、この時期に各地で見られるようになるのです。

奈良・三輪山が示すカミのかたち

弥生時代後期の代表的な祭祀遺跡として奈良県の三輪山（みわやま）があります（上の写真）。三輪山では山麓から中腹にかけてたくさんの祭祀跡が点在していますが、カミを祀るための固定した施設や社殿は造営されませんでした。これはしばしば山そのものを御神体として拝む、もっとも古い神信仰の形式によるものと説明されます。しかし、四、五世紀の段階では、山はカミの棲む場所ではあってもカミそのものではありませんでした。

太古以来の伝統とされる山を神体として遥拝する形式は、この時代には一般化していませんでした。山の神を祀る場合も遠くから拝むのではなく、山を望む祭祀場にカミを呼び寄せ、人がカミの言葉を聞き、カミに語りかけるという形が取られました。カミは一方的な礼拝の対象ではなく、対話すべき相手だったのです。

カミが人の姿になる時代に…

弥生時代から古墳時代にかけて、カミは常態として可視的な姿をもつことはありませんでしたが、そのイメージはしだいに変化しました。なかでも重要なのは、人格化の進展です。人がカミを思い浮かべるときに人間の姿として明確な像を結ぶようになってくるのです。『古事記』（中巻）と『日本書紀』（巻五）には、三輪山の神がふもとに住む娘のもとに通って子をもうけた話が収められています。後者によればその正体は「小蛇」でしたが、カミは必要とあらばいつでも人間の姿を取ることができました。

こうしたカミの人格化の背景には、先のような、縄文時代後半から広汎に進行する霊魂とタマの習合という現象があったと考えられます。

それに加えて、一部の死者がカミとして祀られるという風習の定着がありました。いわゆる

「ヒトガミ」の誕生です。人が死後カミに祀られるためには、共同体の構成員全体に記憶され、語り継がれるような傑出した人物が出現する必要がありますが、それが可能になるのは弥生時代後期のことでした。

二世紀後半から小国家の成長にともなって、吉備（きび）・出雲（いずも）・近畿など西日本の各地で独自の形状を具えた大型墳丘墓が出現します。墳墓が造営される場所も、山上や山腹など垂直方向に高みを指向するようになります。山はカミの棲む聖なる地であり、一般の人々が気軽に足を踏み入れてよい場所ではありませんでした。墓が大型化したりタブーの地である山に登ったりする背景には、埋葬された首長を、死後もカミに匹敵する特別の存在として遇しようとする意図を読みとることができます。

古墳にカミとして祀られた人物は基本的には不可視の存在でしたが、本来人間であったために、そのイメージは生々しい人の姿として想起されることになりました。それはヒトガミ以外のカミにも投影されていきました。

列島全域におけるヒトガミの発生は、自然神に由来するカミについても、その人格神化を後押ししていくことになるのです。

9 我々の先祖が莫大な労力をかけて造った墳墓はカミの製造装置だった

箸墓　奈良県桜井市

三世紀の巨大な前方後円墳を訪ねて

私は日本列島における死後世界の発見を論じた前章で、縄文時代の後期から冥界の観念が肥大化し、弥生時代に入ると首長クラスの人物が、通常の人間とは次元を異にする特別の存在（カミ）へと上昇していく様子を辿りました。二世紀後半から西日本の各地で独自の形状を具えた大型墳丘墓が出現したり、墳墓が山上や山腹などの高所に上ったりするのは、被葬者の神格化を示す現象にほかなりませんでした。

そうした死後世界の観念の展開において、見落とすことができないものが三世紀半ばに誕生する巨大墳墓、前方後円墳です。その意義を探るべく、私たちは最初の典型的な前方後円墳として知られる、奈良盆地の南部にある箸墓（はしはか）（桜井市）を訪ねることにしましょう。

ＪＲ桜井線の巻向（まきむく）駅で降りて線路沿いの道を南に向かうと、右手に広い沼地が現れます。その先には、三輪山の整った三角錐の山容を背景に木の茂った起伏が続きます。箸墓の墳丘です。沼を取り巻く土手に登れば、東西に延びる箸墓の全貌を目にすることができます（写真）。

三輪山を背景とした東西に延びる箸墓の墳丘

桜井市箸中に位置する箸墓は、全長二百八十メートル、後円部の直径が百五十五メートルの規模をもつ日本最古の大型前方後円墳です。その造営は三世紀中葉に遡ると推定されています。時代的に一致するため、邪馬台国の女王、卑弥呼（ひみこ）の墓とみる説が有力ですが、実際の被葬者は不明です。

古代には、「上道（かみつみち）」と呼ばれていた巻向からの道は、古墳の東側、後円部の頭頂部分をかすめるようにして桜井方面に続いています。古墳を過ぎたところから右に入れば、墳丘に沿って道路が走っています。この道を歩いてみると、古墳の巨大さが実感できます。いまは墳丘への立ち入りが禁止されていますが、かつては人々がここに自由に出入りし、草木を伐採し木の実を取るなど里山として活用されていた時代がありました。村人たちが近道として利用した、墳丘を縦断する踏み跡も残されています。

後円部の頭頂から箸墓を半周したところに、鳥居のある遥拝所が設けられています（写真）。この地点から、前方部越しに後円部の墳丘を礼拝する形式です。この古墳の先には、古来の信仰の山である三輪山が端正な姿を見せています。遥拝所から後円部を眺めると、三輪山はほぼその延長線上に位置することになります。そうした位置関係が暗示するかのように、箸墓にはその創建をめぐる一つの古い伝説が残されているのです。

箸墓への礼拝を明確にした鳥居のある遥拝所

日本書紀にある箸墓神話の謎

『日本書紀』によれば、箸墓に葬られている人物は倭迹迹日百襲姫命（ヤマトトトビモモソヒメノミコト）でした。書紀にはこの墓の由来に関する説話が収められています。

――ヤマトトトビモモソヒメノミコトのもとに、彼女を妻として、三輪山の神であるオオモノヌシノカミが通ってくるようになりました。しかし、オオモノヌシが姿を現すのは夜だけに限られていました。それを不満に思ったモモソヒメノミコトは、あなたの麗しいお姿をぜひとも拝見したいので、明朝明るくなるまで留まって欲しいと懇願しました。

オオモノヌシはその願いをもっともなことと認め、明朝あなたの櫛箱に入っているので、見ても驚かないように、と述べて姿を消しました。この言葉をいぶかしく思いながらも、彼女が夜明けを待って櫛箱を開けると、そこにはきれいな小蛇がいました。驚いて叫び声をあげた妻に、人の姿となった神は、「おまえは私に恥をかかせた。今度はおまえに恥をかかせよう」と言い残すと、三輪山の方向に飛び去って行きました。みずからの言動を悔やんで崩れ落ちたモモソヒメノミコトは、陰部を箸に貫かれて命を落としました。そのため彼女を葬った墓は、箸墓とよばれることになったのです——。

書紀はさらにこの墓について「日中は人が作り、夜は神が作った」と記しています。また、墓の造営には奈良盆地を挟んで対峙する大坂山（二上山近辺の山）の石を用いましたが、山から墓まで人が列を作って手渡しで石を運んだ、と述べています（次頁の写真）。

こうしたエピソードから知られるように、箸墓は三輪山の神にまつわる重要な伝説に関係しています。その規模からしても重要人物を葬った、創建当時はきわめて重要な意義をもつ墳墓であったと推定されます。しかし、奈良時代以降、この墓は天皇家の系譜から除外され、長期間その存在を忘れ去られてしまうのです。

それにしてもなぜ当時の支配者たちは、古墳の造営に想像を絶する莫大な労力の投入を惜しまなかったのでしょうか。あらゆる人的・社会的資源を投入して死者の住居＝古墳が築造されていく背景には、当時の一般庶民とは全く異質な死や死者に対する観念が潜んでいる可能性があります。

箸墓神話と関わりをもつ大坂山口神社

もしそうであるとすれば、それは一体どのようなものだったのでしょうか。そうした観念を生み出した社会的・歴史的な要因は何だったのでしょうか。

箸墓の背後に見える北九州国家連合

誰が箸墓を造ったのかという問題に関していえば、考古学の発掘成果に基づき、当時の先進地域ですでに大型古墳が数多く作られていた吉備地方（岡山県）からの影響が指摘されています。箸墓で見つかる土器の多くが、吉備古墳の系譜に属するものであることが明らかになっています。しかし、箸墓を含む纒向（まきむく）遺跡では、それ以外にも西日本各地から東海に至る多彩な様式をもった土器が出土します。前方後円墳は単一の文化を土台として生み出されたものではありませんでした。さまざまな地域から移入された技術と伝統を前提として、それらの統合と再編の上に創出された、全く新たな文明の産物だったのです。

　なぜこうした動きが発生したのでしょうか。その背景の一つに、日本列島の他の地域に先駆けて北九州で始まった国家建設とその統合を目指す運動があったと考えられます。博多湾岸に広がる福岡平野と早良（さわら）平野には、紀元前後から王墓とよぶにふさわしい数多くの副葬品を収めた立派な墳墓が造られるようになります。

　やがてこれらの小国家を統合した中核的国家が生まれ、その王は中国の王朝への朝貢を開始します。紀元五七年には奴（な）国王が後漢に朝貢し、一〇七年には倭国王帥升（すいしょう）が百六十人の奴隷を献上しました。

　そうした先進性を背景に、やがて奴などの中核国家に主導された北九州の国家連合は、瀬戸内海に沿って東方へと支配地域と影響力の拡大を試みるようになりました。北九州連合はその地理的な有利さゆえに、朝鮮半島の進んだ文化・技術と鉄などの資材の移入をほぼ占有できる利点がありました。

さらに大陸王権（後漢）による正統性の認証を独占できる点において、他地域に比べて圧倒的な優位に立っていたのです。

こうした北九州勢力の優位を打破するには、思い切った方策が必要でした。それに対峙する有力地域が協力しての新国家ヤマトの建設です。西日本諸地域からの纒向への植民と首都の建設、巨大前方後円墳の構築は、こうした歴史的な文脈において把握することができるのです。

以上のプロセスを経て形を整えた新国家の最初の首長には、特定の地域の王であるよりは、すべての地域が異論なく推戴できるような政治的利害関係を超越した人物がふさわしいと考えられました。弥生時代以降、共同体の運営においてカミ祀りを担当する巫女（みこ）＝シャーマンが担ってきた重要性を考えれば、卑弥呼のような傑出した霊能者がその地位につく可能性はきわめて高かったのです。

先に述べたように『日本書紀』では、箸墓に葬られている人物は三輪山の妻であったヤマトトトビモモソヒメノミコトとされています。大坂山からの手渡しリレーによる石の運搬は、諸部族の協調のシンボルとして建立された箸墓の性格を暗示するものです。被葬者が神の妻であるという伝承も初代の首長が神との対話に通じた人物だったことの名残でしょう。

カミを誕生させるための巨大墳墓

それにしても諸地域からの入植者が一つの共同体に結集するためのシンボルを必要とした場合、なぜそれは巨大な墳墓でなければならなかったのでしょうか。前章で述べたように、弥生時代では縄文の土偶のように、超越的存在の姿がストレートに表現されることがなくなりました。代わってカミは、シャーマンや依代(よりしろ)である樹木など、それを想起させるものを通じて間接的に表現されるようになりました。また銅鐸のような、カミを祀る道具が発達していきます。

弥生時代に叢生する小国家では、こうして形成されたカミの観念とその祭祀が集団の秩序を維持する上で不可欠の役割を担っていました。神の意思をとりつぐ権限を独占することが支配権力の基盤であり、神と対話できるシャーマンが大きな権威を有していました。やがて小国家が統合され領域が拡張すると、新たな国が信奉する神は従来の各集団が奉じていたような祖先神・守護神ではもはや不十分でした。国の領域が拡大して、その傘下に取り込まれる集団の数と多様性が拡大するにつれて、安定した体制秩序を維持するためには、それらをすべて包摂できるような、より普遍的で強大な威力を有する神格が求められるようになりました。三輪山のふもと、纒向の地に集まった人々が求めたものは、まさにそうした偉大なカミだったのです。

多様な出自をもつ集団構成員が共有できるカミをいかにして創出するか――この課題の解答

を模索するなかで浮上してきた案が、共同体の構成員誰もが共通の記憶を有する人物をカミに祀り上げることでした。そして、前方後円墳こそはそうしたカミを誕生させるための仕組みだったと、私は考えているのです。

日本列島では縄文の時代からカミの存在が認知されていました。弥生時代には、里から仰ぎ見ることのできる端正な形状をした山々はカミの棲む地でした。カミが山を好む理由は、なによりもそこが清浄なる地だったことでした。そのため、死者の霊のなかでも完全に浄化が達成されて特に威力があると考えられたものだけが、特にカミとして山に留まることを許されたのです。

七世紀末になると、律令国家の政策によって、古墳時代に造営された特定の墳墓が歴代の天皇の墓になぞらえられていきます。天皇陵に付けられた「山陵（みささぎ）」という名称が端的に示すように、これはカミが山に棲むという当時の社会通念を背景に、カミとしての天皇霊の居住地＝山を人為的に作り出そうとする仕掛けにほかなりませんでした。

そうしたカミ観念の系譜のなかで、前方後円墳祭祀はどのように位置づけられるのでしょうか。実際にその前に立てば実感できることですが、後円部の巨大な墳丘は山そのものでした。事実、律令時代には前方後円墳が「山」になぞらえられて、守護神としての天皇霊＝カミの宿る地とされました。三世紀に纒向（まきむく）に都を定めた新国家は、諸集団の統合のシンボルとしてそれまでの部族神・祖先神を超えた強力なカミを必要としていました。前方後円墳の造営は、人工的な山を築くことによって、国家全体が共有できる強力な威力をもつカミの棲む地を創出しようとする未曾有の試みだったのです。

古墳祭祀はいかに行われたか

ここで改めて問題になるのは、古墳での祭祀が継続しなかったという考古学者の指摘です。それは守護神としての強大なカミを創出し、人工の山に憑着させようとする壮大な試みが、全面的な失敗に終わったことを暗示するものなのでしょうか。私は必ずしもそうは考えません。古墳時代を通じ、古墳に安置された首長の霊は別の形で祀られ続けたと推測できます。

弥生時代と古墳時代を通じてのカミ祀りの一般的な形態は、祭祀のたびに特定の場所にカミを降臨させるというものでした。祭祀の場では、勧請されたカミとそれを祀る人が、相互にその声を聞き取れるような位置関係にある必要がありました。そうした形は歴史時代に入っても継続しました。『日本書紀』には、大化改新（たいかのかいしん）（六四五年）による蘇我氏の滅亡後、孝徳天皇が群臣を「大槻の樹」のもとに集め、天神地祇に対して天皇への忠誠を誓わせた記事が見えます。

後代の国家的レベルの祭祀も、カミの依代となる聖樹などのある広場で、そのつどカミを勧請して行われていたのです。

それでは、カミが棲むと考えられた神南備山の場合はどうでしょうか。三輪山では、現在ふもとに山をご神体とする大神神社（写真）があります。しかし、山そのものを神として礼拝すること＝神体山信仰が一般化するのは、近世に入ってからのことです。古代では山はカミの棲む地ではあっても、カミそのものではありませんでした。山にいるカミを祀る場合も、大神神社のような大規模で固定的な施設が建設されるのは奈良時代以降です。

三輪山がご神体の大神神社の本当の役割は何か

古墳時代の山の祭祀は直接山に向けられるのではなく、カミの依代となる磐座などのある周辺の場所において、カミを勧請して行われる形態だったのです。

翻って、前方後円墳の祭祀の場合を考えてみましょう。これまで見てきた古墳時代の祭祀形態から類推して、カミの宿る地である墳丘を遥拝するという形式はありえません。いま、箸墓の前方部の正面には礼拝のための鳥居が設けられていますが、こうした施設の初見は平安時代であり、それが一般化するのは幕末期に実施された天皇陵の改修工事（文久の修陵）以降のことでした。

それでは古墳に祀られたカミの祭祀はどこでなされたのでしょうか。

当時の通常の祭祀形式に則り、古墳を望む場所において、国家の主要な構成員が集まって、墳丘に棲むと信じられていた首長霊＝カミを勧請してなされたと考えるべきでしょう。巨大な前方後円墳が築造されるようになっても、共同体の祭祀形態が変化することはありませんでした。祀られるべきカミが、従来の部族神・氏族神から、国家の新たな始祖と位置づけられた首長霊へと代わっただけだったのです。

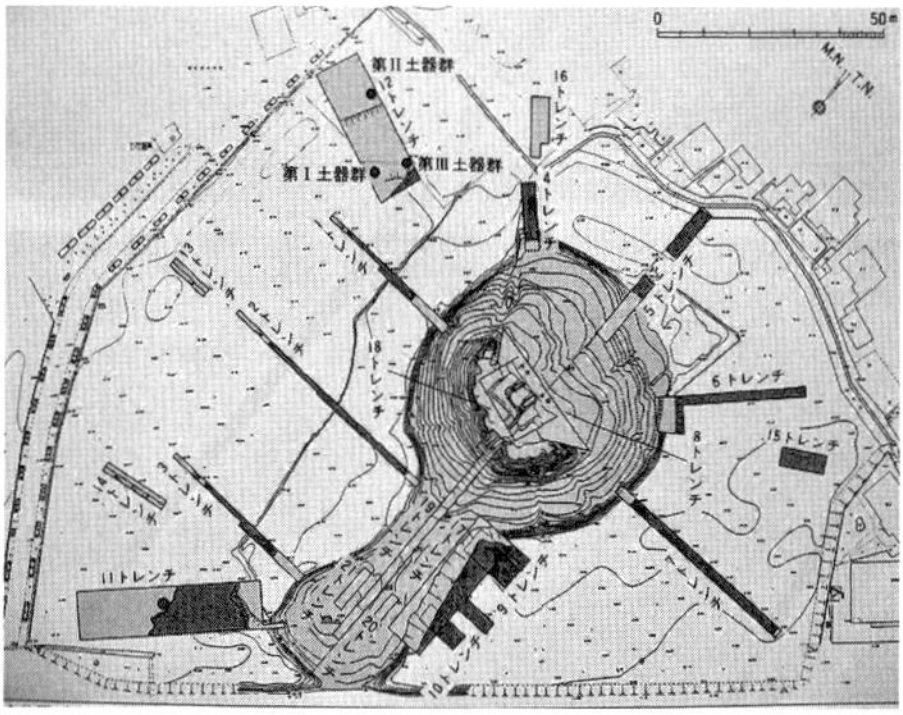

遠見塚古墳の等高線図によって明らかになった古墳時代におけるカミ祀りの方法

宮城県仙台市若林区にある古墳時代前期の前方後円墳、遠見塚（とおみづか）古墳（写真）は、墳墓を取り巻く各所から祭祀に使われたと思われる多数の土師器（はじき）や石製品が出土しています。検出された土器の種類と固定した祭祀施設を欠く状況から、古墳時代の典型的なカミ祀りの跡と考えられます。創建以後、墳丘周辺で長期にわたって古墳祭祀が継続した様子を窺うことができます。

古墳がさまざまな形式をとったことと同様に、古墳祭祀の形態も一つではありませんでした。前方後円墳では周囲を巡る濠の中にしばしば墳丘と連結した形で「造り出し部」「出島状遺構」とよばれる四角いテラス状の施設が設けられています。そこには家形埴輪や人物埴輪などが整然と配置されていました。そこは古墳に鎮まるカミを呼び出して行われた古墳祭祀の場でした。その中心に置かれた家形埴輪は、祭祀の際の神霊の依代だったと考えられるのです。

ヤマト王権のための巨大古墳の限界

五世紀をピークとして盛んに造成された前方後円墳では、その埋葬者をカミに祀り上げ、墳丘をその住処としようとする明確な志向性を有していました。しかし、遊動するカミという当時の神観念に規定されて、墳墓に霊的存在が安定して宿っているというイメージを人々が共有することは困難でした。その前提となるべき、墳丘に葬られた首長の霊を確実にカミに祀り上げるための作法そのものが、まだ模索されている段階だったのです。

カミとしての始祖を生み出すシステムが未完であったために、カミを誕生させる試みは初代の首長で完結することなく、反復して継続されなければなりませんでした。またシステムの未熟さを補うために埋葬者の超越性を視覚に訴えるべく、遺骸の宿る墳丘＝山は際限なく巨大化していく必要がありました。

畿内で完成した、カミを誕生させ、それを憑依させる仕組みをもつ前方後円墳の形式は、首長霊の超越神化を目指していた全国の諸集団にスムーズに受け入れられていく原因となりました。連合政権としての色彩が強いヤマト政権も、模倣を禁止することによってではなく、前方後円墳の形式を浸透させることによって列島全体への影響力を高める政策を選びました。

こうして集団の規模と首長の権力に応じて、無数の前方後円墳のコピーが造られていくことになったのです。列島各地域の前方後円墳と差別化を図るために、中央のヤマト王権の墳墓はますます巨大化していきました。カミとしての祖霊を独占できなかった律令制以前の大王は、他を圧倒する大規模な墳墓の建設を通じてしかその権勢をみずから確認し、人々に示すことができなかったのです。

10

巨大墳墓でカミを崇めた日本なのになぜ外来の仏教を受け入れたのか

法隆寺

奈良県生駒郡斑鳩町

山寺とは異なる法隆寺の景観

日本列島では縄文時代の後期から死後世界のイメージが膨らみはじめ、弥生時代には一部の権力者が人間を超えた存在＝カミに祭り上げられるようになりました。前章で取り上げた箸墓に始まる前方後円墳は、そうした流れを受けて、各地の首長クラスの人物をカミに上昇させようとする明確な目的をもって造営された装置でした。しかし、五世紀をピークとして、巨大前方後円墳の造営はしだいに衰退し、七世紀には完全に終息します。その大きな原因が、仏教の伝来でした。

奈良の斑鳩（いかるが）の里にある法隆寺は現存する日本最古の寺院です。ＪＲ法隆寺駅からバスが出ていますが、歩いても二十分ほどの距離です。いまでも金堂や五重塔などの主要部分には創建当時のヒノキの部材が使われており、木造建築としては世界でもっとも古い建物です（写真①）。

南大門を抜けて法隆寺の境内に足を踏み入れると、正面にある中門に向かって広い参道が一直線に続いています。中門の背後では、五重塔が空を突き上げています。寺といえば山懐（やまふところ）に抱かれ木立に包まれた光景を想像する私たち日本人は、最初、視野を妨げるもののない乾いた空間に少しばかり違和感を覚えます。幾何学的な建物の配置の様子も、異国的な印象です。しかし、中門と築地によって仕切られた伽藍の中心部分に足を踏み入れ、金堂と五重塔の周囲を巡るころにはそうした感覚も消え、軒先の古い木組みが生み出すハーモニーに心地よい安らぎを感じるようになります（写真②）。

① 奈良・法隆寺の南大門から中門を望む

② これまでの寺になかった回廊のある構造

法隆寺は、六〇七（推古天皇十五）年に聖徳太子の発願で建立されたと伝えられています。このころ聖徳太子が政治を行っていた斑鳩宮に隣接して建てられました。

法隆寺の建築技法がきわめて古い形態を残していることから、長い間、現在の法隆寺は当初の形をそのまま残すものと信じられてきました。しかし、十九世紀の末になると、六七〇（天智九）年に法隆寺が「一屋も余すことなく」焼けたという『日本書紀』の記事を根拠として、法隆寺再建説が提唱されるようになりました。その結果、現存する伽藍が創建当初のものか、一度火災にあった後に再建されたものかをめぐって、半世紀にわたって激しい論争が続くことになったのです。

一九三九（昭和十四）年に境内の発掘が実施され、現在の伽藍の下からいまの建物の配置と若干ずれる形で、焼けた寺院（若草伽藍）の跡が発見されたことによって、この論争は最終的な決着をみることになります。

ただ法隆寺が再建されたことは間違いないとしても、誰がいつそれを行ったかは定かではありません。それ以外にも法隆寺は多くの謎を残しています。梅原猛氏がその著『隠された十字架』で、法隆寺を聖徳太子の怨霊を封じ込めるための寺と論じたのはとても有名です。

日本の神が仏教を認めたのはなぜか

日本列島への国家レベルでの仏教伝来は聖徳太子の時代より五十年ほど早く、六世紀の半ばごろまで遡ります。欽明天皇の時代に、朝鮮半島にあった百済の聖明王から仏像と経典が贈られたことが、『日本書紀』に記されています。朝鮮半島ではすでに四世紀から仏教文化が栄えており、日本列島と半島との活発な交流を考えれば、この事件以前に日本に仏教が入っていなかったと考える方が難しいでしょう。福島県の会津地方は奈良時代から仏教文化が花開いた地域ですが、高寺とよばれる、創建が仏教公伝以前に遡る寺院の伝承を残しています。

いうまでもなく、仏教は体系的な救済理論を備えた普遍宗教であり、それ以前の土着の死生観とは比較にならないほど高度で緻密な哲理をもっていました。しかし、その思想が直ちに列島の住民に理解され、その世界観を一変させたかというと、それははなはだ疑問であるといわざるをえません。『日本書紀』によれば、はじめて仏像を目にした天皇以下の支配層は、そのきらびやかさに目を奪われたとされます。人々が注目したのは仏教の教理ではなく、日本人がそれまで目にしたことのない、金箔に覆われ彩色された仏像の華やかな外観だったのです。

この献物を前にして、天皇は仏教を受け入れるべきか否かをみずから判断することなく、それを臣下に諮問しました。これに対し、中国や朝鮮の近隣諸国が皆仏教に帰依していることを理由に、わが国でも仏教を受容するように主張したのが蘇我（そが）氏でした。他方、物部（もののべ）・中臣（なかとみ）両氏は、新たな外来の「神」を崇拝すれば伝統的な日本の神々（国神（くにつかみ））の怒りを招くことになると、異議を唱えるのです。

　仏教の導入をめぐって有力豪族の間でこのような争いが起こった背景には、両者の政治的立場の違いがありました。物部氏と中臣氏は、神代以来の天皇家との関係を誇る名族でした。それに対し蘇我氏は、朝廷の財務や外交関係を掌握し、大陸からの渡来人を支配して勢力を拡大しようとする新興の豪族でした。祭政一致のこの時代にあって、古来の神祇信仰と深く結びついていた伝統氏族の物部・中臣氏に対抗して、蘇我氏が自己の権力基盤を拡大するためには、神祇以外の新たな信仰に依拠する必要がありました。蘇我氏が積極的に仏教に帰依すべきことを説いたのは、その受容が朝廷内における自己の権力基盤拡大の絶好のチャンスと判断したからにほかならないのです。

日本仏教の始まりを象徴する
元法興寺に祀られた飛鳥大仏像

　崇仏廃仏をめぐる争いは、五八七（用明天皇二）年の物部氏の滅亡で終止符を打たれます。

宿敵物部氏を滅ぼして権力を手中にした蘇我馬子は、翌年、百済から渡来した技術者の協力を得て、日本列島最初の本格的な伽藍である法興寺の建立に着手します。法興寺そのものは現存していませんが、今日「飛鳥大仏」（前頁の写真）として知られる釈迦如来像は本来、この寺の本尊であったと考えられています。五九四（推古天皇二）年には、推古天皇が聖徳太子と蘇我馬子に詔を下し、三宝の興隆を命じています。こうして六世紀の末から、日本列島では本格的な仏教興隆の機運が高まるのです。

死者の魂を浄化する仏教

仏教伝来当時、人々は仏教のもつ高度な思想を容易に理解することはできませんでした。敏達天皇の時代に疫病が流行すると、物部・中臣の両氏は蘇我氏の信仰する仏教のせいであるとして、その禁止を天皇に求めました。廃仏の詔を得た物部守屋はみずから寺に赴き、殿舎に火をかけ仏像を川に捨てるのです。これらの言動から、物部・中臣氏は仏教を「祟り」を及ぼす存在として、日本の神々と同じレベルで捉えていたことが分かります。仏教が説く成仏や救済についての教理は、彼らのあずかり知らないところだったのです。

しかし、それでは崇仏を主張した蘇我氏の方が仏教の思想や世界観についてより深い理解を示していたかというと、必ずしもそうはいえません。病気になった蘇我馬子がその原因を占わせると、仏の祟りであるという託宣を得ました。そこで馬子は治癒を願って弥勒の石像を礼拝し、それによって寿命を延ばすことができました。また、物部守屋による破仏の後、疾病に苦しむ馬子は「三宝（仏・法・僧）の力」によらなければ完治できない旨を天皇に上奏し、馬子だけは特別に仏教の信仰をもつことを許されています。

こうした馬子の振る舞いから見て、崇仏を主張した蘇我氏もまた仏教についての立ち入った知識はほとんどなかったと判断せざるをえません。仏教導入に賛成するにせよ反対するにせよ、当時の人々の目に映った仏教は、日本の神々と同じレベルで捉えられる「他国の神」にほかならなかったのです。したがって、仏教を信仰するか否かは、解脱や救済といった次元とは全く無関係でした。神と仏どちらのご利益を重んじ、どちらの祟りを恐れるかといった呪術的な側面で判断されていたのです。

仏教の説く現世超越の思想が影響を与えることがなかったとすれば、本書がテーマとする死生観という視点から見て、仏教が古代日本において果たした役割とはいったい何だったのでしょうか。

死者の魂に対する働きかけという点からいえば、古代仏教に期待されたものは霊魂を他界に送り出す役割ではありませんでした。それは往生すべき他界のイメージが具体化し、リアリティをもって人々に共有されるようになる中世を待たなければなりませんでした。仏教が担ったのは、むしろ魂の浄化の機能だったと考えられるのです。

当人を脅かした遊離魂の出現

弥生時代以来の日本列島の社会において葬送儀礼として重視されたものに殯（もがり）があります。『魏志倭人伝（ぎしわじんでん）』には、死者が出ると十余日にわたって殯を行い、その間肉は食べず、喪主は泣き叫び、他の人は歌い踊って酒を飲む、と記されています。殯の形式はしだいに整えられ、舞台となった殯宮（もがりのみや）では故人に酒食が献じられ、その霊魂を慰撫すべく誄（しのびごと）の読み上げや歌舞の演奏が行われました。

大王家（天皇家）では、殯はとりわけ長期に及びました。数年にわたることも珍しいことではありませんでした。殯に並行して遺体を納める墳墓が建設され、それはしだいにスケールアップして、巨大な前方後円墳へと発展していったのです。

長期にわたる殯は何を目的に実施されたのでしょうか。それは魂の浄化でした。古代社会では、人間は目に見えない魂とその容れ物としての身体という二つの要素で構成されていると考えられていました。魂は何かをきっかけとして容易に身体を離れると信じられていました。古代人にとって、肉体は魂を入れる容器でした。魂がそこから抜け出せば人間は仮死状態に陥り、戻れば蘇生しました。魂は離脱と帰還を繰り返す存在だったのです。

　そうした霊魂がもつ特性のゆえに、時には本人も意識しないうちにふらふらと身体を離れ出る場合がありました。遊離魂（ゆうりこん）の出現です。

和泉式部も詠んだ日本人の魂を想起させる貴船神社

　貴船神社（写真）を訪れた和泉式部が、御手洗川（みたらしがわ）に飛ぶ蛍を見て詠んだとされる、《もの思へば沢の蛍もわが身よりあくがれ出づる魂（たま）かとぞみる》（『後拾遺和歌集』）という歌があります。和泉式部の身体から抜け出した魂は、青白き光を放つ蛍となって沢の上で舞い続けているのです。

　思い焦がれる心から生じる遊離魂現象はまだ優美な印象を私たちに与えますが、離脱した魂が本人の意思とは無関係に他人に凶悪な作用を及ぼす場合もありました。『源氏物語』などにみえる生霊（いきりょう）がそれです。光源氏の妻である葵（あおい）の上を絶命の淵にまで追いつめた六条御息所（ろくじょうのみやすどころ）の生霊は、まさに害をなす遊離魂の代表でした。

遊離魂の出現は、当該人物にとっては生命に関わるきわめて危険な現象でした。それを防ぐためには、定期的に霊魂を身体に定着させるための儀式が営まれる必要がありました。古代の朝廷で行われた鎮魂（たましずめ）の行事は、それを目的としたものにほかなりません。また霊魂を身体に戻すことが不可能になり、死が確定した段階で、まだ荒々しい働きを持つ亡者の魂をいかにして無害化していくかが重要な課題となったのです。

仏教がもたらした天皇の火葬

新たに伝来した仏教に求められた魂の浄化＝「滅罪」という機能も、古来のこうした魂の重視と深く結びついたものと推定されます。仏教伝来以前から、荒ぶる死者の魂を鎮め穏やかな霊へと転換させることが、残された縁者のもっとも重要な課題でした。その役割を担ったのが先述の殯の儀式です。鎮魂は死者だけに留まらず、生者にとっても大切な儀式と考えられていました。二年二カ月に及ぶ天武天皇の殯を筆頭に、七世紀までは天皇の殯が一年を超えることが常態と化していました。こうした王家の儀式では、死者の蘇生よりもむしろ霊魂の慰撫に殯の主眼が置かれていたと推定されます。

仏教が日本に伝来し社会に浸透するようになると、魂の浄化はしだいに仏教の役割となりました。仏教による葬送儀礼が発達し、四十九日の法要をはじめとするさまざまな追善供養の形態が執り行われるようになるのです。

仏教の普及に伴って生じたもっとも顕著な特色は火葬の普及でした。火葬は殯の劇的な短縮化をもたらしました。文武天皇の殯が五カ月だったのに対し、その母の元明天皇はわずか七日にすぎませんでした。元明天皇はあらかじめ詔を下して、自分には火葬を行うこと、薄葬に心がけて朝務が滞らないよう心がけること、などを指示しています（『続日本紀』養老五年十月）。

もちろん、火葬の導入がただちに魂呼いや殯の全廃に結びつくことはありませんでした。死を悲しみ、ある時点まで死者の蘇生を願うことは、親しきもの誰しもが抱く時代と地域を超えた感情です。にも関わらず、仏教儀礼の導入が人々の死生観に大きな影響を与えた事実は否定できません。

かつては天皇の葬儀では、年単位の長期間の殯が執行されました。しかし、仏教的な葬送儀礼が導入されたいま、葬儀は遥かに簡便で画一的なものへと変貌を遂げました。身分や階層によって葬送内容に厚薄の差別はあったものの、七七日の供養といった仏教儀礼の基本的なコンセプトは普遍性を有しており、それを適用することによって、誰もが規格内の日数で魂の浄化が完了すると信じられるようになりました。蘇生を期待しての短期間の殯は形を残しても、荒ぶる魂を鎮める目的でなされた長期の殯はしだいに不必要とみなされることになるのです。

仏教の滅罪と清浄の論理は伝統的な荒ぶる死霊の浄化作法と二重写しで捉えられることになりました。平安時代初頭の七九七（延暦十六）年五月、同四年に政争に巻き込まれて憤死した早良親王（桓武天皇の同母弟）の霊を慰めるために、二名の僧侶が墓のあった淡路に派遣されて「転読悔過」を実施しています（『日本紀略』）。仏教は生前死後を問わない、従来の殯より遥かに有効で速やかな魂浄化の作法として受け止められたのです。

生前から仏教の力で罪を払い落とし、死後に浄化が完了した魂のあるものは、やがて別の身体を得て復活しました。日本において広く受容されたもう一つの仏教教理に、輪廻転生説と七世の父母の観念がありました。この思想もまた古代人がイメージしていた生まれ変わり＝魂のサイクルの理念に適合し、それを支持する理念として受け入れられていったものと考えられるのです。

仏教普及による巨大墳墓の終わりと新たな天皇制

仏教に期待された魂の浄化は、日本の古代ではもう一つの重要な役割を担うことになりました。権力者の魂をカミへと押し上げる機能です。

七世紀末の天武・持統朝に推進された律令制と神祇祭祀制度の整備は、天皇の地位にも重大な転換をもたらします。天皇は長期間にわたる追善の儀式を経てカミに上昇するのではなく、皇祖神以来連綿たる血のつながりをもって継承されてきた聖なる地位とされるのです。天皇は生まれながらにして神（アキツミカミ）そのものだったのです。同時に、天皇は神の子孫として、天神地祇をはじめ祖先神、歴代の天皇の霊、仏など超越者によって守護される存在となりました。この列島を支配する王の地位は、世俗社会を超える神仏の体系の中に組み込まれ、そのなかで機能するものへ変容していくのです。

支配者の象徴たる中国の秦の始皇帝陵の兵馬俑坑

古墳時代の支配者が巨大な墳墓を建立することによって自身の権勢を確認するとともに、その権力と権威をステップとしてカミに上昇しようとしてきた努力は、いまや意味を失いました。前方後円墳の造営停止に続いて、七世紀中葉からは大王固有の墓としての八角墳が出現します。これは墓のスケールとしては、前方後円墳よりも遥かに小ぶりです。大王墓・天皇陵はこれ以降も縮小を続けます。王は神代以来の歴史を背景とする、外部の回路を介在したシステムを通じてカミに祭り上げられる存在と化していくのです。

東アジアにおいては、中国の秦の始皇帝陵（前頁の写真）や、朝鮮半島の三国時代の王墓のように、各地で巨大な陵墓が建立される時代がありました。秦の始皇帝は初めて中国中央部の統一を成し遂げた人物であり、朝鮮半島の三国時代は軍事的な緊張がきわめて高まった時代でした。王をカミに見立てるような大規模な王陵は、集権国家形成期に多く見られる現象であり、官僚機構と成文法を備えた支配体制が整えられると姿を消していきます。王の地位が支配システムに吸収され、国家の機関として位置づけられた時点で、王個人の権勢を誇示するモニュメントは存在意義を失ってしまうのです。

加えて、巨大王陵の時代は、どの地域でも現世を相対化できるだけの視座をもった宗教がまだ根を下ろしていないときでした。仏教などの普遍宗教が普及すると、王は特権的な地位を剥奪されて被救済者の一人とされ、壮大な墳墓が建立される意義は完全に失われてしまうのです。

11
国家的寺院の危機的状況を救った浄土信仰の広がりと寺院の霊場化

四天王寺　大阪府大阪市

四天王寺の危機を救ったもの

私たちは前章で、現存する最古の寺院である奈良の法隆寺を訪れ、万人に適応可能な魂の浄化システムをもった仏教の伝来によって、支配者をその生前の権力と権威によってカミ（超越的存在）に上昇させようとする巨大古墳の時代が終わりを告げる様子を見てきました。しかし、飛鳥時代の段階では仏教を受容してその恩恵に浴することのできた人々は、まだ一部の特権階層に留まっていました。

権力者のためのものであった飛鳥仏教が、どのようなプロセスを経て、すべての人々を生死を超えた彼岸に導く中世仏教へと変身を遂げていくのでしょうか。飛鳥時代以来の伝統をもつ大阪の四天王寺を歩きながら、この問題を考えてみたいと思います。

大阪の四天王寺は、法隆寺を超える長い歴史をもつ官寺です。物部守屋を討とうとするにあたって、聖徳太子が四天王に戦勝を祈願したことに由来すると伝えられています。ＪＲの天王寺駅を出て、アーケードのある商店街を十分ほど歩くと門前に到達します（写真）。

官寺として創建され繁栄した四天王寺の中門（右）

南大門を抜けた先にある中門からは朱と緑に彩られた連子窓をもつ塀が両翼に伸びており、この回廊に囲まれた境内が四天王寺の核心部分です。伽藍配置は当初の形態をほぼ忠実に復元してありますが、いまの建物はすべて戦後になってコンクリートを用いて再建されたものです。

大化改新（六四五年）以降に完成したと推定される四天王寺は、国家的寺院として手厚い保護を受け、繁栄の時代を迎えました。天皇や豪族たちからの仏像等の寄進も相次ぎ、飛鳥時代を代表する大寺として順調な発展を遂げました。しかし、平安時代に入るとその栄華にも陰りが見え始めます。八三六（承和三）年に五重塔への落雷があり、九六〇（天徳四）年には大規模な火災に見舞われています。折しも律令体制の衰退期にあたっていました。伽藍復興のため、かつてのような国を挙げての支援は期待できませんでした。十世紀末には四天王寺はきわめて危機的な状況に陥ってしまうのです。

その四天王寺に大転換が生じたのは十一世紀に入ってまもない一〇〇七（寛弘四）年のことでした。金堂の内から一通の古い文書が発見されたのです。その作者は聖徳太子であり、太子が未来の出来事を予言するという内容でした。文書の表には、聖徳太子がみずからの手に朱をつけて捺したという「手印（しゅいん）」までありました。

いうまでもないことですが、この「四天王寺御手印縁起（してんのうじごしゅいんえんぎ）」を聖徳太子自身の手になるものと考えることはできません。このように、過去の聖人が未来を予言するという体裁をとった書物は「未来記（みらいき）」とよばれるジャンルに属します。このあたりの時代から中世全般にわたって、聖徳太子をはじめ、弘法大師、慈覚大師などによる多数の未来記が出現し、世を騒がせる様子がさまざまな記録に残されています。「四天王寺御手印縁起」はそうした時代の風潮のなかで、寺の衰退に危機感を抱いた関係者によって、発見の直前に偽作されたものと考えられます。

その目論見は見事に成功します。縁起の出現以降、四天王寺にはその拝観を目的とした上皇・女院・上級貴族の参詣が急増し寺勢は急速に回復に向かうのです。

浄土信仰の入り口となった官寺

聖徳太子に仮託されたこの縁起を貫くものは、四天王寺の衰退に対する強烈な危機意識でした。「もし後代に道を外れた国王や悪臣が出現し、寺の財産を掠め取ったり、私（聖徳太子）の願を妨げたりすれば、その者は無間地獄に堕ちて永く浮かび上がることがないであろう。その子孫も数知れぬ災厄を被り、寿命は縮まり、官位を失うであろう。鬼神も怒りをなし、疫病は広まり、人民は乱を起こして戦乱が絶えない時代になるであろう……」

「四天王寺御手印縁起」はこのように、将来寺に降りかかることが予測される災禍をきわめて具体的に描写しています。その原因となるべき「国王」や「悪臣」の悪行は、縁起が偽作されたころに四天王寺が直面していた状況にほかなりませんでした。

縁起は人々に対して危機意識を喚起する一方で、救済の道に触れることも忘れることはありませんでした。どのような暗黒時代が到来しようとも、人は四天王寺に詣でていくばくかの寄進を行い、供養の真心を尽くすことによって、現世での栄華だけでなく、来世の浄土行きの指定券も手に入れることができると説かれているのです。

「四天王寺御手印縁起」の出現する十一世紀初頭は、浄土信仰の鼓吹者として名高い恵心僧都（えしんそうず）

源信（げんしん）（九四二―一〇一七）の活躍していた時代でした。貴族だけでなく庶民たちの間にも、浄土に往生したいという願望が急速に膨らんでいました。この世での栄華をきわめた藤原道長は、死後に極楽浄土に迎え入れられることを真剣に願い、その子の頼通（よりみち）は極楽の荘厳をこの世に移したといわれる平等院を宇治に建立しています。

四天王寺の西門外側に建つ石鳥居

こうした状況のなかで、件の縁起に四天王寺への結縁が浄土往詣を可能にすると書かれていたことは、四天王寺に浄土信仰が本格的に導入されていく契機となりました。縁起の作者は欣求浄土の機運が盛り上がっていた当時の世相を十分に意識していました。その上で、そうした風潮に乗じて四天王寺の再興を試みるべく、縁起中に浄土信仰の要素を巧みに取り入れたのです。

その結果、四天王寺は中世を通じて、浄土信仰の聖地としての地位を獲得しました。その西門が極楽浄土の東門であるという信仰も生まれました。

『今昔物語集』は、四天王寺の西門に聖徳太子が手ずから、「釈迦如来転法輪所、当極楽土東門中心」と記したという伝承を載せています。いま西門の外側にある石鳥居（重要文化財、十三世紀）の扁額に、この言葉が記されています（前頁の写真）。当時、四天王寺のすぐ外側には浪速（なにわ）の海が広がっていました。人々は西門の内側から、門を通して海の彼方に沈む夕日を眺めては、西の彼方にあると信じられていた極楽浄土に思いをいたしたのです。

中世には極楽浄土に再生することを願って、西門の外の海に身を投げて入水往生（じゅすいおうじょう）を遂げる行為が流行していました。鎌倉時代に制作された『一遍聖絵（いっぺんひじりえ）』には、一遍上人が亡くなったときに弟子たちが投身自殺する様子が描かれています。四天王寺は念仏聖たちの活動の拠点にもなっていました。古代において国家的寺院＝官寺として繁栄した四天王寺は、中世には幅広い階層の人々を集める浄土信仰の寺として再生を遂げることに成功するのです。

聖徳太子の予言発信地として

四天王寺がもつ浄土信仰の霊場としての聖性を保証したのは聖徳太子でした。四天王寺は聖徳太子発願の寺として、もともと太子と深い関わりを有していました。平安時代の初めには、聖徳太子を祀る聖霊院（しょうりょういん）（次頁の写真）がすでに存在していたといわれます。「四天王寺御手印縁起」の発見は、この寺の聖徳太子信仰を一気に加速させる原因となりました。

かつて創建当初、四天王寺の伽藍の中心部分を占めていたのは回廊に囲まれた金堂でした。そこに安置されていた本尊が信仰の対象でした。しかし、縁起が発見された十一世紀以降は、聖霊院の太子像が人々の尊崇を集めるようになるのです。その際、聖徳太子は決して過去の人物ではなく、四天王寺に実在していまなおこの世に影響を与え続けていると認識されていたことは重要です。一〇〇七（寛弘四）年に四天王寺の金堂から聖徳太子の縁起（未来記）が発見されたことはすでに述べましたが、聖徳太子の未来記はこれ以降も、四天王寺を中心に出現を繰り返すのです。

聖徳太子を祀る四天王寺聖霊院

『太平記』には、後醍醐天皇の命に従って挙兵した楠木正成（まさしげ）が、四天王寺で聖徳太子が書き残したという未来記を閲覧した逸話が掲載されています。その内容は、次のようなきわめて興味深いものでした。

――人王九十五代に当たって、天下ひとたび乱れてやすからず。この時、東魚来たって四海を呑む。日、西天に没すること三百七十余箇日。西鳥来たって東魚を食う。その後、海内一に帰すること三年。獼猴（猿）のごとくなるもの、天下を掠むること三十余年。

大凶変じて一元に帰す――。

「人王九十五代」はまさに後醍醐天皇の代に当たっていました。それ以降の記述は、南北朝の動乱を予言する形をとっています。「東魚」や「西鳥」が誰を暗示しているか、お分かりでしょうか。後醍醐天皇はこの時、鎌倉の北条氏によって隠岐に流されていましたが、楠木正成はこの未来記がみずからの陣営の最終的な勝利を予言するものと読み取るのです。

中世の四天王寺は、まさしく聖徳太子の予言の発信地だったのです。

法隆寺境内に建立された聖徳太子を祀る聖霊院

聖徳太子が末法の救世主となった訳

聖徳太子信仰が高揚したのは四天王寺だけではありませんでした。前章で取り上げた法隆寺でも、十二世紀ごろから聖徳太子が大きくクローズアップされるようになりました。

法隆寺では金堂と五重塔を取り囲む西院回廊の外側に「室」

とよばれる僧侶の生活の場が設けられていました。室は小さく仕切られたたくさんの部屋（房）に分かれていましたが、十二世紀の初めに東室ではその南端の三房が寺院の本堂風に改装されました。いまも残る聖霊院です（前頁の写真）。そこに安置されたのが太子勝鬘経講讃像でした。

飛鳥時代に遡るという伝承をもつ京都の古寺広隆寺でも、十三世紀に桂宮院本堂が建立され、聖徳太子像が祀られています。古からの由緒を誇る法隆寺も広隆寺もこの時期には有力な後援者を失って、四天王寺と同様に廃寺の瀬戸際まで追い詰められていました。聖徳太子信仰の導入は、いずれの寺にとってもみずからの存亡を賭けた試みだったのです。

それにしても、なぜ末法の救世主として聖徳太子が選ばれたのでしょうか。聖徳太子が浄土信仰と結びついていく理由はなんだったのでしょうか。

これまで取り上げた高野山（第4章）や立石寺（第6章）などの話を思い起こしてください。私は中世に入ると、人々の間で理想世界である仏の世界のイメージが肥大化し、浄土往生の願望が高まることを指摘しました。しかし、浄土を主宰する根源的な仏は、普通の人間が目にすることのできない存在でした。末法の濁悪の世に生きる衆生が、不可視の救済者に心身を委ねることはそれほどたやすいことではありませんでした。そこで彼岸の仏は私たちの目に見える姿をとってこの世に降り立ち、人々の往生浄土の信仰を後押しすることにしました。こうして多数のこの世とあの世をつなぐ存在（垂迹）が、現世に出現することになったのです。

堂舎に安置された仏像はまさしくそういった存在でした。春日神などの日本の神々も垂迹でした。そして、聖徳太子をはじめとする伝教大師、弘法大師、慈覚大師などの聖人・祖師も、人々を浄土に誘う使命をもって出現した垂迹だったのです。

「往生伝」には、人々が聖徳太子を祀る四天王寺や磯長（大阪府太子町）の聖徳太子廟の元に詣でて、自身の往生を願うという話が納められています。聖徳太子は阿弥陀仏の脇侍である観音菩薩の垂迹でした。そのため、人々を浄土に導くという任務を負っていると信じられたのです。太宰府の安楽寺に葬られた菅原道真は、信者に対して現世での大願成就だけでなく死後の救済をも約束していますが（『扶桑略記』）、その本地は西方浄土の十一面観音だったのです。

奥の院が担った聖人信仰と欣求浄土

垂迹の使命が末法の衆生救済であったため、その所在地はしばしば聖なる地であり、彼岸世界への通路とみなされました。霊地を踏むことの重要性が盛んに宣伝され、彼岸世界への飛翔を目的とした巡礼の時代が幕を開けるのです。四天王寺などに見られた聖徳太子信仰の隆盛はこのような文脈のなかで生起する現象だったのです。

他界の本仏がこの世に根ざした救済を行うべく顕現した垂迹は、それぞれの由来をもつ特定の化現の〈場〉と深く結びついた存在でした。彼らのいる空間はこの世の浄土であるとともに、遥かなる彼岸の浄土への入り口でした。そこへ足を運び祈ることによって、浄土への往生が可能になると信じられたのです。

エスカレートする聖人信仰と増加する参詣者に対応すべく、多くの寺院では聖人を祀るための新たな施設が設けられていきました。その施設は、通常、寺院のもっとも奥まった見晴らしのよい場所に作られたため、やがて「奥の院」とよばれるようになります。高野山の章で述べたように、弘法大師が入定しているという伝説のある高野山の奥の院は、その嚆矢でした。慈覚大師が眠るとされた立石寺の入定窟もまさにそれに当たります。四天王寺の聖霊院も法隆寺の聖霊院も、奥の院に相当する施設とみなすことができるでしょう。東大寺や唐招提寺でも同じ時期に、伽藍の中心部分から離れた高みに開山堂が建立されています。中世霊場特有の施設である奥の院は、このようなプロセスを経て誕生するのです。

その結果、中世寺院は本尊仏を安置する従来の金堂（本堂）に加えて、寺にゆかりの深い聖人を祀る奥の院というもう一つの聖域を有することが一般化していきます。本堂を焦点として、中心から外に向かって同心円的に聖から俗へと移行する古代寺院の円形のコスモロジーから、本堂と奥の院という二つの聖なる焦点をもつ中世寺院の楕円形のコスモロジーへの転換が、広く進行するのです。この奥の院こそが、新たに霊場として再生する中世寺院の中核にほかなりませんでした。このようなプロセスを経て、浄土信仰と奥の院の建立は相互に深く関連しあいながら、聖人信仰と欣求浄土の気運をかき立てていくのです。

奥の院に祀られた聖人・祖師にはもう一つ大事な役割が与えられていました。それは寺領の守護です。中世になると多くの貴賤が霊場化した寺に足を運び、土地の寄進なども活発に行われました。そうした経済活動が、国家からの支援に代わって寺院の財政基盤になっていくのですが、そこには一つ大きな課題が残りました。ライバルであった周辺の領主による寺領の侵略をいかにして防ぐかという問題でした。

三善為康（みよしためやす）の『後拾遺往生伝（ごしゅういおうじょうでん）』（十二世紀）は、比叡山中興の祖として知られる慈恵大師良源が浄土に行くことなく、寺に伝えられる仏法を守るために山に留まっている、と記しています。すぐに極楽に往生しても誰も不思議に思わない良源ですが、あえてこの世を去ることを拒み、懐かしい比叡の山に棲んで邪悪な存在の接近を防ぐ役割を果たしているのです。

「四天王寺御手印縁起」でも、もし後代に役人が邪（よこしま）な心を起こして寺の領地を侵犯すれば、仏法は滅亡して君臣の序列は乱れ、やがて混乱と退廃に支配された世が出現すると説かれていました。彼らは過去の人物ではなく、いまなおこの世に監視の目を光らせ、寺への敵対者に容赦ない懲罰を下す存在と観念されていたのです。

あの世でなくこの世の祈りの場に…

私はこれまで、飛鳥時代に支配権力のシンボルとして建立された四天王寺が、広く大衆を受け入れる中世的な霊場へと変身していく有り様を辿りました。その転換に伴って寺院の機能もまた、支配者を寿ぐ（ことほぐ）ことから生死を超越した救済へと大きく変化していくのです。

現在の四天王寺には他界への入り口、彼岸との通路としての面影はありません。聖徳太子を慕って四天王寺を訪ねたとされる弘法大師の月命日である二十一日は、俗に「お大師さん」とよばれ、境内に食べ物や骨董品を扱う屋台や露店が立ち並んで、多くの参詣者で賑わいます。近年では外国からの観光客の姿が目立つようになりました。聖徳太子の月命日の二十二日は「太子忌」といわれる縁日です。

現代日本の大方の寺社と同じく、四天王寺も仕事の成功と平穏な人生を祈る場所となっています。今世紀に入って、四天王寺ではお彼岸の中日に西門の夕日に寄せて浄土を観想する「日想観」が復活しました。しかし、いまでも大方の参詣者が願うのはこの世のことであり、かつてのように死後の救済を求める人の姿はありません。

数年前、私は四天王寺の日没が見たくなって、夕暮れの寺を訪れました。中世には西門のすぐそばまで迫っていた海岸線は、いまは遥か彼方に退き、門を通して見えるものは街を埋め尽くすビルの群れだけになってしまいました。街並みを橙色のシルエットに変えながら、西の空を紅に染めて太陽がゆっくりと沈んでいきました。

私の心の深いところに眠っている、遠い記憶が呼び覚まされていくのを感じました。目の前に、幼い頃に田舎で見た日没の光景が広がりました。茜色の空にコーランの祈りの声が響く、昔住んだジャカルタの夕暮れがそこにありました。私は一瞬、自分が光の満ちた世界に降り立った異邦人であるような感覚に襲われました。しかし、それはほんのわずかの時間でした。次の瞬間、目の前にあったのは、人々がせわしなく行き交う日常の風景だったのです。

12

伊勢神宮を見下ろす朝熊山になぜ死者の供養林があるのか

金剛證寺　三重県伊勢市

「朝熊駈けねば片参り」の謂れ

新天皇の即位に伴って、二〇一九年五月一日に令和の時代が幕を開けました。日本の皇室は世界でもっとも古い歴史を持つ王家であり、その血脈は神話時代の天照大神にまで遡るとされています。そのため皇室と天照大神を祀る伊勢神宮は、伝統的に深い関わりを保ってきました。四月には、退位に先立って上皇と皇太后による神宮参拝が行われ、秋には新天皇による伊勢行幸と神宮拝謁（親謁（しんえつ）の儀）が実施されました。

天照大神の住まいである伊勢神宮の内宮（ないくう）は、山懐に抱かれ、五十鈴川（いすずがわ）の清流に臨む美しい地です（次頁の写真）。

ところで、伊勢神宮の東には朝熊山とよばれる山がそびえています。近鉄鳥羽線を松阪から伊勢志摩方面に向かうと、伊勢に近づくにつれて進行方向に黒々とした山塊が現れ、しだいに存在感を増してきます。これが志摩半島随一の標高を誇る五百五十五メートルの朝熊山です。内宮はその山裾に位置しています。

日頃から数多くの参拝者が訪れる伊勢神宮の内宮

朝熊山の頂に、弘法大師空海が開いたという伝承のある金剛證寺（現在は臨済宗南禅寺派）があります。この寺は伊勢神宮の鬼門にあたる丑寅（北東）に位置するため、伊勢信仰との関わりで多くの参詣者を集めてきました。江戸時代には「朝熊駈けねば片参り」といわれたほどに、伊勢の参詣の際には朝熊登山が必須とされました。一九二五（大正十四）年には、当時東洋一と謳われた登山ケーブルも開通し、参拝者は飛躍的に増加します。

しかし、太平洋戦争の戦況悪化に伴い、ケーブルカーの軌道が軍によって徴収され、一般人の参拝は困難となりました。ケーブルはその後も再開されることなく、一時期運行していた定期バスも廃止され、山上にかつてのような賑わいが戻ることはありませんでした。いま金剛證寺に参詣しようとする場合は、自家用車かレンタカーで有料の伊勢志摩スカイラインを登るのがもっともポピュラーな方法です。

伊勢志摩スカイラインは眺望の道です。三百六十度の展望をもつ山頂広場からは、入り組んだ海岸線や峯入り行者の辿る吉野の山々の稜線、さらには天候が許せば富士山の姿までを眺めることができます。ここには、恋人たちの聖地として知られるようになった「天空のポスト」が置かれ、贅沢な景色を見ながら浸かることのできる足湯もあります。

卒塔婆の供養林は何のためか

金剛證寺は伊勢志摩スカイラインの坂を登り切った、朝熊山の稜線上に位置しています。スカイラインから案内板に従って駐車場に入り、車を置いて仁王門から参拝の開始です。

門を抜けた先には庭園風の境内と朱色の橋の架かった池があり、たくさんの大きな鯉が泳いでいます。そこから広い石段を登って本堂に向かうと、その手前には金属製の虎と牛の像が置かれ、牛の頭の上では小槌を持った大黒天が踊っています。広い境内には木立の中に開山堂や明星堂などの堂舎が点在しています。

仁王門の近くには子宝のご利益で知られる「おちんこ地蔵」の祠があり、二体の地蔵尊が下半身をあらわにしてひっそりと鎮座しています。

国の重要文化財に指定されている本堂に参拝し境内を奥に進むと、下層部が白いモルタル、上層部が朱塗りの楼門が出現します（写真①）。竜宮城を想わせるこの極楽門を抜けた先が、奥の院に向かう参道です。

①「朝熊駈けねば片参り」とされた金剛證寺極楽門

② 金剛證寺の奥の院参道にある卒塔婆の供養林

門を過ぎると突然空気が変わります。石畳の参道の両側には、死者供養のために建てられた高さが最大八メートルにも及ぶ巨大な卒塔婆が隙間なく並べられて壁を作っています。「卒塔婆の供養林」とよばれる金剛證寺の奥の院独自の光景です（写真②）。

私たちが知っている板状の卒

塔婆とは違って、ここのそれは断面が正方形をなす四角柱（角塔婆）です。あたかも建築に用いる柱のようです。それが参道に沿って、空に向かって地面から突き出したかのごとく林立しているのです。その存在感は圧倒的です。

伊勢地方では江戸時代から、近親者が亡くなると、朝熊山に登って故人の供養のために卒塔婆を建てる「岳参り」という習慣がありました。この日も、花や供養の品々が置かれている塔婆が見受けられました。故人の使用した帽子や眼鏡が掛けられているものもあります。卒塔婆を奉納した後も、縁者は折々にここを訪れて亡き人の面影を偲び、その安らかな眠りを願ったのです。

参道に置かれた「卒塔婆の供養林」の解説板には《霊峰朝熊山に卒塔婆を建て、亡き人の追善菩提を弔うのは、死者の霊魂は全く別の世界に行ってしまうわけではなく、現実の山の中に死者の霊が集まる「他界」がある、という捉え方（山中他界観）が、古代より、私たちに引き継がれているからです》という言葉が記してあります。

朝熊山が古来死霊の籠る山であるという見方は、ここでは寺の公式見解となっています。その観念が人々の足をこの山に向けさせ、いまも続く塔婆供養という行為を支えているのです。

死者を浄土に送るための経塚

朝熊山は死者の山でした。そこはいまなお濃い死の色を身に纏っています。卒塔婆の解説に見られるように、多くの人々は、古代から死者は山に登ったと考えています。

こうした見方は「山に帰る死者」という観念を日本の伝統的なものと捉える柳田國男の説を踏まえたもので、学界でもほとんど常識となっています（柳田國男『先祖の話』）。しかし、私はその見解には賛同できません。普通の死者が山に住むようになるのは近世以降の現象と考えているからです。中世は、死者がこの世にいてはいけない時代だったのです。

それでは中世まで遡ったとき、金剛證寺はどのような存在だったのでしょうか。

金剛證寺は、六世紀の欽明天皇の時代に創建され、空海が奥の院を建立したという伝承をもっています。この寺の歴史が実際に空海の時代まで遡るかどうか定かではありません。しかし、少なくとも十二世紀には存在していたことを示す確実な証拠はあります。

台風列島といわれるほどに毎年多くの台風が到来する日本ですが、そのなかでも歴史に残る巨大台風として記憶されているものに、一九五九（昭和三十四）年に潮岬（しおのみさき）に上陸し、紀伊半島から東海地方を駆け抜けた「伊勢湾台風」があります。この台風では五千人を超える死者・行方不明者が出ましたが、金剛證寺もその直撃を受けました。

被害は建物だけでなく境内の樹木にも及び、たくさんの木々がなぎ倒されました。その倒木の整理中に、倒れた木の根元から経典を収める古い筒や銅鏡などが発見されたのです。本格的な調査を行った結果、この地には四十基に及ぶ経塚（きょうづか）があることが確認されました。

これらは一九六六年に「朝熊山経塚群」として国の史跡となり、出土品は国宝の指定を受けました（写真）。

経塚とは、書写した経典を銅や陶の筒（経筒）に入れて地中に埋納する施設で、上には石や土で塚（小山）を築いて目印としました。

慈覚大師円仁が手ずから書写した如法経（法華経）で始めたとされますが、いま知られているもっとも早い例は、一〇〇七（寛弘四）年に藤原道長が奈良・金峯山（きんぷせん）に営んだものです。

朝熊山の経塚から出土した陶製経筒〈国宝〉（第62回式年遷宮記念特別展図録『伊勢神宮と神々の美術』2009年より）

今日、経塚はしばしば弥勒信仰との関わりで説明されます。弥勒菩薩は五十六億七千万年後に、天からこの世界に下生して衆生を救済する未来仏です。その出現まで経典を保存する目的で経塚が造られたと考えられています。しかし、その機能は十二世紀半ばから変化していきます。

平安時代の経塚を発掘すると、その周辺から多量の遺骨が見つかることがあります。経塚を中心として、共同墓地が発達しているケースも見受けられます。経塚が造られたときに同時に納骨がなされたとは考えがたく、これは十二世紀中葉以降の納骨信仰の普及のなかで始まった風習と考えるべきものです。死後、彼岸への飛翔を渇望する時代思潮のなかで、経塚は死者を浄土へ送り出す役割を期待されるようになるのです。

朝熊山の経塚からも、「出離生死　往生極楽」を願って書写した旨の奥書をもつ経典が発見されています。朝熊山の経塚は経典を遠い未来に残すための装置ではなく、死後の救済を願って作られたものだったのです。

死者が浄土へと旅発つ場として

それにしても、なぜ経塚と往生浄土の信仰が結びつくのでしょうか。中世では納骨信仰が盛んになりますが、骨を納める場は垂迹の鎮座する霊地でした。他界の仏が現世の人々を救済するために化現した姿が垂迹であり、そのためその所在地はこの世とあの世の接点であり、通路であると考えられたのです。

「法華経の文字は、法身の金身の舎利」（『因縁処』）という言葉が端的に示すように、仏の悟りの真実を目に見える形で文字に表した経典もまた、当時の人々にとっては、根源の仏＝法身仏の化現（垂迹）にほかなりませんでした。そのため法身仏の垂迹の比喩的表現である「法身の舎利」を留める経塚は、生身仏や聖人の鎮座する廟堂と同様の霊地とみなされることになったのです。経塚が持っていたのは、霊魂を彼岸に送り出す機能だけではありませんでした。経塚の造立によってそのスポットが聖別されることにより、彼岸から来迎する化仏を導く標識としての役割を果たすことになったのです。

近年、世界遺産の指定を受けた平泉の中心部には、藤原秀衡（ひでひら）によって建立された無量光院があります。その跡地のほぼ真西に平泉の町並みを見下ろす金鶏山があり、無量光院からはその背後に沈む太陽を眺めることができます。秀衡は西に傾く夕日に寄せて、西方にあるという極楽浄土を偲んだのです（菅野成寛「平泉文化の歴史的意義」『平泉の光芒』）。

もう一つの重要な点は、金鶏山上に経塚があることです。経塚が造営されることによって、山上はこの世とあの世をつなぐ聖地となりました。西方浄土からの来迎仏は経塚を目印に金鶏山に降り立ち、一直線に無量光院を目指します。そして、そこにいる信仰者を引き取って身を翻し、山頂を経由して遠い彼岸に飛び立っていくのです。

阿弥陀堂と経塚との緊密な関係は他の地域でも見ることができます。福島県いわき市の白水（しらみず）阿弥陀堂（国宝、真言宗智山派願成寺）は経塚山を背にしています。また花山寺（かさんじ）跡（宮城県栗原市）では、十二世紀に建てられたと推定される園池を伴う大御堂を見下ろす丘陵上に、三基の経塚が造営されています。宮城県角田市の高蔵寺（こうぞうじ）阿弥陀堂（重要文化財、真言宗智山派）でも近辺の山中で経塚が発見されています。

栗原市の高清水善光寺では阿弥陀堂の建つ高台の北側に善光寺川が流れ、その川を挟んだ向かいの折木山（おりきやま）頂上に経塚が設けられています。これは阿弥陀仏が経塚の山を越えて来迎するイメージを表現しようとしたものという指摘があります（長岡龍作「高清水善光寺阿弥陀如来像と中世の生身観」『佛教藝術』三〇七号）。

無量光院や白水阿弥陀堂、花山寺の場合も、経塚が往生浄土の信仰と無関係とは考えられません。経塚は来迎仏出現の目印であると同時に、衆生を抱きとった化仏が浄土へと飛び去るための踏み切り板の役割を果たすものだったのです。

中世の朝熊山もまた死者の世界でした。しかし、近世以降と違ってそこは死者が留まるところではなく、遠い世界へと死者が旅発つ場所だったのです。

伊勢のアマテラスと仏教の関係

ここまで読み進んでこられた皆様は、当然、一つの疑問を持たれるにちがいありません。私たちはいま、伊勢神宮に対して、仏教を嫌う神様であるというイメージを抱いています。神宮では「忌み言葉」といって、たとえば「僧」を「髪長（かみなが）」、「お経」を「染め紙」というように、仏教用語を別の言葉で言い換える習慣があります。それほどまでに仏教禁忌は徹底しています。その神宮を見下ろす山の上に、なぜ死の臭いの色濃く染み込んだ霊場が作られたのでしょうか。なによりも、伊勢神宮と金剛證寺を二つながら参詣する習慣は、いつ、どこから生まれたものなのでしょうか。

『神祇官（じんぎかん）』という中世の神道書に、次のような話が収められています。

――仏法を何よりも忌み嫌う第六天魔王は、日本にそれが広まることを防ぐため列島を支配していた。父母であるイザナギ・イザナミが「開発」した国を、魔王に押し取られてしまうことを心安からず感じたアマテラスは、「ここは我が父母の開いた土地である。こんな狭小の地はあなたにとってはどうでもいいだろう。元のように私に預けていただきたい」と述べて、その返還を求めた。さらに仏法の弘通を危惧する魔王に対し、「私が魔王の代官として、国の主となって仏法を弘めさせなければ、いったい誰が弘通するというのか」と説いて、偽りの約束をかわし、日本を魔王の手から奪い返すことに成功した――。

この世界が第六天の魔王の支配下にあるという思想は、これ以外にも日蓮の遺文など、中世の文献に散見します。ここでいう第六天とは仏教で説かれる天界の神の一つです。仏教では、この現実世界（娑婆世界）の中央にある須弥山（しゅみせん）という巨大な山の中腹から上空にかけて、天人の棲む世界が上下に層をなして広がっていると考えられていました。そのうちの欲界といわれる世界には「六欲天」とよばれる六つの天が存在しましたが、その最上層の第六天は他化自在天という別称をもち、仏道を妨げることから「天魔」「魔王」ともよばれました。それが中世では娑婆世界の本源的な支配者とみなされていたのです。

魔王とアマテラスが契約を結ぶという途方もない説話形成の背景には、急激な仏教の流布と日本の神々との習合の進展のなかで、あくまで仏教との接触を禁忌とする神宮の独自のあり方について、説得力ある解釈を提示する必要性があったと考えられます。当時の天皇は原則として在位中は仏教の信仰に触れることはできませんでした。仏を拝むことも、経を読むこともタブーでした。

天皇の祖先神であり、神々のなかでも最高の地位にある伊勢のアマテラスが、時代思潮に屈して易々と仏教との一体化に乗り出すことは不可能でした。さりとて、仏教の敵役に徹することも、仏教がもっていた圧倒的な社会的影響力を考えれば現実的な選択とはいえません。そうしたなかで、両方の立場を折衷する意味をもって、この説話が語り出されるようになったと推測されるのです。

神宮にも及んだ来世浄土信仰の波

いまご紹介した説話は、アマテラスが仏教を忌むのは第六天の魔王との約束によるものであって、実は仏教を守護する神なのだ、という内容でした。そうした理屈上のレベルを超えて、現実の伊勢ではより深い部分で仏教との習合が進んでいました。

先にご紹介したように、金剛證寺の表門にあたるのが仁王門で、そこには一対の金剛力士像が置かれています。それぞれの像と背中合わせに祀られているのが雨宝童子（うほうどうじ）と明星天子（みょうじょうてんし）です。このうち雨宝童子は少年の姿をした像で、仏教の守護神とされています（上の写真）。

金剛證寺仁王門に祀られる雨宝童子はアマテラスともされた（第62回式年遷宮記念特別展図録『伊勢神宮と神々の美術』2009年より）

金剛證寺の雨宝童子は弘法大師が感

得されたものといわれています。この雨宝童子が中世ではアマテラスそのものであると考えられていたのです。拾った一本の藁から長者への幸運をつかむ「わらしべ長者」で知られる奈良・長谷寺では、雨宝童子が本尊の十一面観音の脇侍となっていますが、その上に「天照皇大神」と記された札が掲げられています。

私たちはアマテラスというと髪の長い女性神を想像します。しかし、そうしたイメージで統一されるのは近代に入ってからのことであって、前近代ではアマテラスは実に多彩な姿を持っていました。なかには、ヒゲを生やした男神や蛇形のアマテラスも存在しました。金剛證寺ではアマテラスは童子の姿をとって出現し、寺の守護神としての役割を果たしていたのです。

さらに進んで、アマテラスが来世の救済者としての姿を垣間見せる場合もありました。念仏者の言行を書き記した『一言芳談（いちごんほうだん）』という鎌倉時代の著作があります。そのなかで、恵心僧都源信が神宮に参籠したときのエピソードが記されています。七日間の参籠が終わろうとする夜の夢に、宝殿の扉が開いて尋常ならざる雰囲気をもった貴人の女性が現れ、次のように語りました。

――天照大神は本覚の都にお帰りになりました。いまいる者は留守番だけです。末代の人々が「出離の要道」を尋ねてくるようなことがあれば、阿弥陀仏を念ずるよう勧めるように、と言い残しておいでです――。

大方の中世人にとって、死後の救済こそは人生の最重要の課題でした。「往生極楽」を願う朝熊山経塚の寄進者の多くが伊勢の神官の度会(わたらい)氏だったように、浄土信仰の波は神宮にも及んでいました。そうした時代思潮を背景として、アマテラスも表面的には仏教を忌避するようなそぶりをみせながら、来世の救いと深く関わるようになりました。金剛證寺と連携して、死者を来世に送り出す役割を担うのです。

しかし、人々の間から浄土往生に向けた切迫感が失われる近世になると、死者はいつまでも山上に留まるようになります。伊勢神宮と金剛證寺の関係も、後生の救いに向けた両者の協働から、神宮―現世、金剛證寺―来世という役割分担へと変化していくのです。

第3部

近世に向けて失われる浄土世界

13 日本三景の松島に寄せる信仰の激変で分かる他界観のあり方

瑞巌寺　宮城県宮城郡松島町

松島の慈覚大師開基伝説の真偽

これまで、死者の霊魂を彼岸に送り出すことを最重要の課題としていた中世寺院が、現世安穏と亡者の穏やかな眠りを掲げる近世寺院へと転換していく様子を辿りました。

今回取り上げる寺院は、江戸時代の初めに伊達政宗（一五六七―一六三六）が建立した松島（宮城県）の瑞巌寺（ずいがんじ）（臨済宗妙心寺派）です。

今日、松島は日本三景の一つとして、また松尾芭蕉の訪れた地として全国にその名を知られています。他方で松島は、名刹・瑞巌寺をはじめとする多くの神社仏閣を擁する宗教的な聖地としての顔をもっています。松島がこうした表情を身に付けるのは、一般的には、政宗によって瑞巌寺が建立された江戸時代以降のことと思われています。しかし、霊場としての松島の歴史は意外に長いものでした。

この地には、古代から続く人々の祈りの歴史が秘められているのです。

松島にある仏閣のなかでもっとも古い由緒をもつものは、八〇七（大同二）年に坂上田村麻呂（七五八―八一一）によって建立されたという伝承のある五大堂（重要文化財、現存する建物は一六〇四年に建立）です（写真）。また、瑞巌寺の前身にあたる延福寺（松島寺）は、それよりやや遅れて八二八（天長五）年に慈覚大師が開いたという由来を伝えています。しかし、確実な文献資料や遺跡によってこの伝承の真偽を確かめることはできません。

坂上田村麻呂建立と伝わる松島・五大堂

それでは、霊場としての松島の誕生はいったいどの時期まで遡るのでしょうか。

それを推定する手がかりが、いま紹介した慈覚大師開基伝承にあります。立石寺（第6章）のところでご紹介しましたが、東北には慈覚大師円仁を開山や中興とする寺が数多く存在します。山寺立石寺や平泉の中尊寺、天下の「奇祭」とされる蘇民祭が行われる奥州市の黒石寺も、みな慈覚大師の開山でした。

十一世紀末から十二世紀にかけて、延暦寺を本山とする天台宗は東日本に積極的に教線を拡大しました。天台の行者たちは各地を巡って寺院の復興と建立に努める一方、中央から持ち込んだ最新の土木技術を用いて新道を通し、周辺の土地を開発し、囲い込んで寺の経済的な基盤としました。その際、当時最新の流行だった奥の院形式を導入し、寺院の深奥部に、寺の守護者として東北に縁の深い慈覚大師を祀ったと推定されるのです。松島湾を見下ろす高台に日吉神社（県指定文化財）がありますが、これはもともと五大堂に近い海岸沿いにあったものでした。日吉の神は天台宗の守護神であり、松島の日吉神社もその淵源は天台寺院である延福寺が創建された十二世紀ごろに遡ると推定されるのです。

源頼朝と奥州藤原氏の対立が深まると、延福寺は頼朝の命を受けて平泉に滞在していた義経の呪詛を行います。そのため藤原氏の滅亡後、延福寺は鎌倉幕府の厚い庇護を受けることになりました。

瑞巌寺には、北条政子が雄島（おしま）の見仏（けんぶつ）上人に寄進したという仏舎利・舎利容器とその寄進状が残されており、瑞巌寺宝物館で拝観することができます。

天台宗から禅宗に改宗した背景

十二世紀には天台宗寺院としての体裁を整えていたと推定される延福寺（松島寺）は、十三世紀の中葉に大きな試練に見舞われます。天台宗から禅宗への改宗です。

現在、瑞巌寺には、延福寺の開創から鎌倉時代までの歴史を描いた「天台記」という巻物が残っています。一二六三（弘長三）年に作成されたというこの書物には、さまざまな興味深いエピソードが綴られています。なかでも衝撃的なものは、廻国の途次、松島に来訪した北条時頼と天台衆徒との対立です。

天台宗から禅宗への改宗を物語る現在の法身窟

天台宗の守護神である山王権現（日吉神社）の祭礼で、延福寺の衆徒と揉め事を起こした時頼は危うく命を奪われそうになりますが、一部の僧のとりなしでなんとかことなきを得ます。その夜の宿りとした洞窟で時頼は修行中の法身禅師と出会い、その人格に傾倒して松島寺の禅宗（臨済宗）への改宗を決意します。鎌倉に帰った時頼は兵を派遣してそれを実行するのですが、恨みを含んだ天台宗徒の呪詛によって命を落とすというショッキングな内容です。二人が出会ったという洞窟は「法身窟」として、現在も瑞巌寺の境内の一角に存在します（前頁の写真）。

ここに描かれた内容がそのまま事実とは考えられませんが、十三世紀半ばに鎌倉幕府の命による禅宗への改宗があったこと、それは同じく天台宗の寺院であった山寺立石寺でも起こったことは、別の文書からも裏付けられます。延福寺から締め出された天台勢力は、周辺の福浦島（ふくうらじま）や雄島に拠って抵抗を続けました。

しかし、天台宗への復帰に成功した立石寺とは対照的に、延福寺が再び天台宗寺院に戻ることはありませんでした。天台宗の延福寺に代わって、禅宗の円福寺が松島の中心に位置する時代が到来するのです。

北条氏の全面的なバックアップを受けた円福寺はその祈願所になり、以後急速な発展を見せます。一遍上人の伝記を記した『一遍上人絵伝』には、松島の風景の中に、回廊を伴う総門と山門を備え、二階建ての仏殿をもつ堂々たる寺院が描かれています。禅寺として再出発を遂げた松島寺円福寺は、法身性西（ほっしんしょうさい）が初代住持となり、二代目には蘭渓道隆（らんけいどうりゅう）が就任しました。雄島に建つ頼賢（らいけん）の碑文（一三〇七年、重要文化財）は中国からの著名な渡来僧である一山一寧（いっさんいちねい）が筆を執ったものであり、禅僧のネットワークを通じて、中世の松島は東アジアの世界に連なりました。そのネットワークによって、夢窓国師などの著名な僧の来訪も相次ぐことになったのです。

現在、瑞巌寺の南隣にある円通院の正門から海岸方向に延びる道の傍らに、樹齢七百年と推定される柏槙（びゃくしん）の古木があります。柏槙は、時頼が建立し蘭渓道隆が開山となった鎌倉の建長寺にも残っており、現存する松島の古木が蘭渓によって植えられたものである可能性は高いと考えられます。一九九一年には瑞巌寺境内の一角から、十三世紀後半〜十四世紀のものとみられる大量の焼けた瓦や壁土が発見されており、往時の円福寺が絵巻に描かれた通りの瓦葺きの大規模な寺院だったことが裏付けられました。

膨張する他界浄土信仰のもとで

円福寺の伽藍整備が進む十三世紀の後半以降、松島ではもう一つの信仰世界が膨張していきました。死後に来世への往生を祈る浄土信仰の発展です。

平安時代の後期から、日本列島では思想や世界観の面で大きな変動が生じました。この時期、此土（しど）と隔絶した遠い彼岸世界の観念が膨張し、十二世紀には死後に向かうべき他界浄土として人々の間に定着をみるようになります。こうした世界観の定着を前提として、中世では現世での成功と地位・名声の獲得ではなく、死後の他界浄土への往生こそが人生の究極の目的とみなされるようになるのです。

その際問題となるのは、どうすれば確実に浄土に往生できるかという点でした。もっとも多数の人々に支持された浄土往生の方法は、この世とあの世を結ぶ聖地＝霊場にみずから足を運んで往生を祈り、死者の骨を納めるというものでした。松島もまたそうした地と観念されたのです。なかでも霊場の雰囲気に満ちた地が雄島でした。雄島は、松島湾に浮かぶ長さが二百メートルほどの細長い小島です（写真）。

松島湾に浮かぶかつて霊場だった雄島と渡月橋

仙台から松島に向かう場合、仙石線の電車を利用して、松島海岸駅で下車するのが一般的なルートです。雄島に行くには駅前の横断歩道を横切り、そのまま国道四五号線と直行する道を右斜め方向に進まなければなりません。

道なりに歩くと、やがて雄島への道を示す案内板が出てきます。指示に従って、左に分かれる道に入れば、狭い苔むした古道が海沿いに岩の間を縫っています。ひときわ大きな岩を割いた切通しの先には平場があり、右手の山側は岩壁に沿っていくつもの窟が穿たれ塔婆が刻まれています。左手は、垂直に落ち込む石垣の下がすぐ海になっています。干潮時には干潟となる狭い水面を挟んだその先に、雄島とそこに架かる朱塗りの橋が見えます。渡月橋とよばれるこの橋は二〇一一年の津波で被害を受けて、一時通行禁止となっていました。渡月橋を渡った先が雄島です。島の入り口の岩窟には、風化が進んで目鼻も定かではない一体の石仏が鎮座しています。

西向きに建てられた板碑の謎

島には遊歩道が整備され、そこを辿れば自生する松の間に広がる松島湾の風景を堪能できます。島内には「頼賢碑（らいけんひ）」をはじめ、骨塔、岩窟、歌碑など、中世に遡る歴史を偲ばせるたくさんの遺跡が残されています。もっとも多いものが板碑であり、『松島町史』（一九八九年）には七十基の板碑が記載されています。これまでも何度か登場しましたが、板碑は石を板状に加工した中世の石塔です。東日本を中心に万単位の膨大な数が建立されました。中心に仏のシンボルである梵字（サンスクリット文字）が刻まれているのが特徴です。梵字の下に、造立の功徳によって浄土往生を願う旨の願文が彫られたものも数多く存在します。

一九八八年、島のほぼ中央に位置する座禅堂の南にある、二基の大型板碑の発掘調査が行われました。十四世紀初頭と推定されるこの一対の板碑は、地面を深く掘り込んだ同じ溝に並んで建つことなどから、同時に建立されたものと考えられています。

板碑の西側前面には細長い祭壇状の遺構があり、そこからは梵字だけを刻んだ小型の板碑五基が発見されました。さらに祭壇上とその周辺には、長年にわたって繰り返されたと推定される多数の納骨の形跡がありました。雄島では板碑を核心に据えた納骨信仰が行われていたのです。まさに典型的な在地霊場にほかなりません。

当時の人々にとって板碑は、仏像と同様、目に見えない彼岸の仏菩薩が衆生を救済すべくこの世に姿を現した存在にほかなりませんでした。板碑が建てられることによってその地は聖地と化し、そこに足を運び遺骨を納めることによって、霊魂は浄土への飛翔が可能になると考えられていたのです。

注目されるのは、いま取り上げた一対の大型板碑が西の方を向いて建立されていたことです。それを拝む者が東に向かって祈りを捧げる形になっているのです。これは皆無とまではいえないにしても、きわめて珍しい形態です。ご承知の通り、他界の浄土を代表する阿弥陀仏の極楽浄土は西の方角にあると信じられていました。そのため、板碑の多くは西を背にして建てられることになったのです。

雄島の東は松島湾の海面であり、その先は太平洋です。雄島からは、青い海に松の生えた島々がちりばめられた素晴らしい光景を望むことができます。板碑の造立者がどのような浄土への往生を願っていたか定かではありませんが、あえて板碑造立の定石に背いてまでも、景色の方を優先させた可能性があります。中世に数多く制作される来迎図では、往生者を迎え取るための化仏は山から来訪しました。そこには自然の山水の風景が柔らかな筆致で描かれていました。人々が浄土へと旅立つ場所は光に満ち溢れた、この世でもっとも美しいところでなければならなかったのです。

ここで思い起こされるのは、沖縄をはじめ日本列島各地には、「青（オウ）の島」とよばれる地先の小島があり、古来死霊がそこに集まると考えられていたという谷川健一氏の指摘です（『常世論―日本人の魂のゆくえ』）。青島、粟島、大島などはみな「オウシマ」の宛字であり、その説に従えば松島の雄島もまた典型的な「青の島」にほかなりません。谷川説に従えば、雄島は仏教伝来以前から霊魂の集う島であり、それを前提として仏教者がそこに霊場を作り上げていったという構図になるのです。

海に捨てられた板碑が物語る変化

私は先に、雄島に大型板碑が二基並んで建っている、と書きました。しかし、厳密にいうとその表現は正確ではありません。二つの板碑はどちらも根元から折れており、いま目にすることのできるのは、地面からわずかに突き出した石の断片でしかありません（写真）。これらの板碑は自然に折れたのではなく、二基ともほぼ同時期に、物理的な力によって破断に至ったと推定されます。残存部分に見られるぎざぎざの生々しい傷跡が、加えられた力の強大さを推測させます。

雄島に残る切断された大型板碑の跡

この一対の板碑は、建立後およそ百年にわたって人々の信仰を集め、結縁のための小型板碑の造立や納骨が繰り返されました。しかし、ある時点で、何らかの理由で信仰の対象としての地位をはく奪され、切断されて主要な部分を持ち去られてしまったのです。

松島の雄島にはこの二基の大型板碑以外にも、かつて多数の板碑が建っていたことが知られています。失われた板碑のあるものは誰かが故意に海に投棄したのではないか、という見通しをもって、二〇〇六年の夏に雄島西側の干潟の探索を行ったのが瑞巌寺宝物館の新野一浩氏です。その作業は予想以上の成果をあげました。限られた領域から百一点という大量の板碑を発見することができたのです。その後、東北学院大学の七海雅人氏がゼミの学生とともにこの探索に参加し、海底から千点を超える大量の板碑の断片を採集するに至りました。雄島にあった板碑の多くが破壊され、あるいは人為的に海中に投棄されていたのです（これらの板碑の一部は瑞巌寺宝物館、および東北学院大学博物館で展示中）。

板碑が投棄された時期と理由は定かではありません。一つだけ確実にいえることは、板碑が放棄される前提として、板碑がもつ宗教的価値の喪失があったという点です。中世において信仰の対象であった板碑はある時点でその機能を喪失し、無造作に毀損され海中に投げ捨てられるようなモノと化してしまったのです。

宗教的意義を失った板碑の行く末はさまざまでした。仙台市の経ヶ峯（きょうがみね）にある、伊達藩二代藩主忠宗（ただむね）の霊廟感仙殿（かんせんでん）の発掘調査が行われた際に、地下に掘り込まれた石室から土留めと蓋石として用いられていた五基の大型板碑が発見されました。これらの板碑は中世には霊場だった経ヶ峯に建てられていたものですが、そこが伊達家の墓地に改変されるにあたって、墓地造成の材料へと転用されることになったのです。これはまだ板碑の末路としては幸運だったかもしれません。東北を歩くと歩道の敷石や靴脱ぎ石になった板碑をいくらも見ることができます。瑞巌寺の境内からも、溝の側壁に用いられたたくさんの板碑が見つかっています。

中世から近世への転換を経て死者がいつまでもこの世に留まるようになると、板碑が持っていた死者を彼岸に送り出す機能は意味を失いました。多くの板碑が他の用途に回されるようになり、残った板碑もその本来の意味が忘れ去られて、武将の墓碑に擬（なぞら）えられたり（第2章「医王寺」参照）、百日咳を治癒する神（青葉山の板碑）になったりしてしまうのです。彼岸への回路として万人に開かれた性格をもつ板碑は、特定の人格と一対一で対応し、他者の結縁を拒絶する近世の墓標とは全く異なる性格をもっていたのです。

政宗に大きく影響された松島

鎌倉時代の後半から南北朝期にかけて全盛期を迎えた円福寺は、室町時代には幕府公認の「諸山」の寺格を維持するものの、戦国時代に一時衰退します。その後を承け、名を瑞巌寺と改めて新たな禅宗寺院の建立を行ったのが伊達政宗です。政宗の瑞巌寺建立は、政宗に強い影響力をもっていた臨済宗の禅僧、虎哉宗乙（こさいそういつ）の提言によるものといわれます。今日、観光地松島の目玉となっている堂舎群と障屏画（しょうへいが）の多くは、このときの一連の事業によって造られたものでした。

一六〇九（慶長十四）年には瑞巖寺の本堂と庫裡（いずれも国宝）が完成しています。一六一八（元和四）年、瑞巖寺本堂前の灯籠が寄進され、庭には政宗が朝鮮から持ち帰ったと伝えられる紅白の臥龍梅が植えられました。一六三六（寛永十三）年に伊達政宗が亡くなると、多くの家臣が殉死を遂げました。その位牌は始め瑞巖寺の塔頭に置かれていましたが、現在は本堂裏手の室に集められています。政宗滅後も瑞巖寺は伊達家の菩提寺として伊達藩の庇護を承け、藩内屈指の名刹としての地位を不動のものとしていきました。

いま松島を歩くと、古代から現在までの信仰世界の変遷を物語る、さまざまな時代の遺跡を眼にすることができます。それらが相互に顕著なコントラストをなしながら、歴史の地層を形成しています。堂舎には古代の仏像が鎮座し、路傍には中世の板碑が佇み、近世の豪壮な堂舎群が甍を競っています。

松島の文化は日本列島各所はもとより、東アジアの世界と深く結びついていました。古代の松島寺は天台宗のネットワークに添って形成され、京都からさまざまな文物が流入しました。中世にはそのネットワークは禅宗のそれへと代わりましたが、それは列島を越えてはるか大陸にまでつながるものでした。そのルートに乗って、人だけでなく、大陸から高価な青磁や白磁が伝来したのです。

14

かつて浄土へ行くためのお寺が現代人の聖地に変貌したのはなぜか

岩船山　栃木県栃木市

生身の地蔵信仰の霊場として

死者の霊魂を彼岸に送り出すことを使命としていた中世寺院は十六世紀を転換期として、現世安穏と亡者の穏やかな眠りを保証する近世寺院へと変身していきます。そうした視点から本章で取り上げる寺院は、栃木県栃木市にある岩船山高勝寺（いわふねさんこうしょうじ）（天台宗）です。

最寄駅である両毛線（りょうもう）岩舟駅は、のどかな田園風景の広がるなかにある無人駅です。小さな駅舎が一つ、ぽつんと佇んでいます。駅を降りて正面を仰ぐと、奇怪な姿をした存在感のある岩山が目に入ります。標高百七十三メートルの岩船山です。その山上にある高勝寺が、今日の参詣の目的地です。寺を目指して県道を進み、「岩船山」と刻まれた石の標識から参道に折れて石畳の道をしばらく歩くと、山上に続く長い階段に辿り着きます。約六百段の石段を登り切った山上の空間が、〈生身の岩船地蔵尊〉を本尊とする聖地、岩船山高勝寺です（上の写真）。

境内からは関東平野を一望する素晴らしい景色を楽しむことができます。天気に恵まれれば、遠く富士山を望むこともできます。寺伝によれば、高勝寺の濫觴は宝亀二（七七一）年、伯耆大山の僧、弘誓坊明願による開山と伝えられています。山全体が舟形をしており、そこから「岩船」という名がついたといわれます。

標高173mの参詣者が絶えない岩船山高勝寺本堂

岩船の名称の由来については、もう一つの説があります。高勝寺には江戸時代に書かれた「縁起絵巻」（寺の由来と霊験を記したもの）が残っていて、そこには山上から船の形をした大きな岩が突き出している様子が描かれています（次頁の写真）。舟形の岩は絵巻そのままに、いまも奥の院付近に残っています。「縁起絵巻」にはこの岩が「生身の地蔵」出現の霊地であり、そのことが「岩船」の名称の由来になったと記されています。

朱塗りの山門（仁王門）をくぐって境内に入ると、木立のなかに本堂、三重塔、鐘楼などが散在する落ち着いた佇まいの空間が広がっています。本堂は近代に入って一度焼失していますが、栃木県指定の文化財になっている山門・三重塔・鐘楼は江戸時代中期の建立です。

高勝寺は日本三大霊山、日本三大地蔵の一つとされ、いまも広範な地域の人々の信仰を集めています。本尊の地蔵尊は子育て地蔵として知られ、子授けと安産を願う多くの参詣者が訪れます。徳川三代将軍家光の側室、お楽の方が岩船地蔵を熱心に信仰し、そのご利益によって生まれたのが四代将軍家綱であるという話が伝えられています。

江戸時代の「縁起絵巻」に描かれた岩船山

境内を、仁王門を挟んだ本堂の反対方向に向かうと、賽の河原と西院河原堂があります。玉石の敷かれた賽の河原には、ひときわ大きな地蔵尊を中心に、さまざまな様式の石の地蔵が建ち並んでいます（次頁の写真）。そこには色鮮やかな風車が林立し、地蔵たちに見守られるようにたくさんの玩具やぬいぐるみが置かれています。ここにいる地蔵尊はこの世に生を受けた者を守護するだけでなく、何らかの事情で生まれ出ることができなかった者、生まれてもすぐにこの世を去らなければならなかった者をも心に留め、その幸せな後生を保証してくれると信じられているのです。高勝寺には近年になって整備されたペットの合祀墓もあり、愛犬・愛猫の遺骨を納める施設が建てられています。納骨施設の上には人間のものと変わらない墓碑が立っていて、その前面には納められたペットたちの遺影が貼られています。

遠い浄土に旅立つ霊場として

多彩な信仰が混在している岩船山ですが、年中行事の中心をなすのは、春秋の彼岸に行われる「岩船参り」です。この時期、高勝寺を訪れた参詣者は故人を供養するための卒塔婆を書いてもらい、それを寺に奉納するのです。

本堂の脇は急な斜面となっており、その坂に沿って石段が刻まれ、所々に石仏が安置されています。彼岸の時期には大量の卒塔婆が、この斜面に沿うようにして立て掛けられている光景を目にすることができます。広く関東一円に広がる岩船山の信仰圏では、家族の誰かが亡くなると初彼岸に岩船山に登り、卒塔婆を本堂脇の「ヤマ」に納める「岩船参り」という風習がいまも続いているのです（次頁の写真）。岩船山で行われている卒塔婆による死者供養は、何に由

岩船山の賽の河原。子供を守る地蔵信仰

来し、何を目的としたものだったのでしょうか。境内には、一九七二（昭和四十七）年に当時の岩舟町教育委員会が建てた看板があり、そこには次のような言葉が書かれています。

《先住民族の間に高い岩肌の出た山に霊魂が集まり死ぬと霊はこの山へ昇るという宗教があった。岩船山は、死者の集まる所、霊魂の集まる所として民俗学的に非常に貴重な山である。岩船山とは山全体が一艘の船の形をしており、子供の霊を供養する所である》

初彼岸の岩船参りで奉納された卒塔婆の数々

ここに記載された「先住民族」が具体的に何を指すのかは定かではありませんが、日本列島には古くから各地に死者の霊魂が集まる場所があり、岩船山がまさにその地であるという見方が示されています。

先祖が山に住むという解釈は柳田國男により体系化されたものであり、それが今日でも学界の常識的理解となっています。岩船山を霊魂の住処と捉える見解がその説を踏まえたものであることはいうまでもありません。しかし、私がこれまで縷々述べてきたように、死者がこの世に留まるようになるのは江戸時代以降の現象でした。中世では、死者は霊場を踏み台として遠い彼岸世界に旅発つことが理想と考えられていたのです。

そのため、中世の霊場にはいくつかの共通した特色がありました。一つは、景色のよい開けた場所に設けられていたことです。山寺立石寺（第６章）はその代表であり、岩船山もそれに劣らない眺望の地でした。罪を背負った悪人が住む濁悪の世から、仏のいる理想の浄土への出発点は、その前途を祝福するような光に満ち溢れた地であることが望ましいと考えられました。この世の霊場からあの世の浄土へと空中に架けられた見えないルートは、どこまでもまっすぐで視界の開けたものでなければならなかったのです。

中世の霊場に必要なもう一つの装置が、浄土の仏とこの世をつなぐ「垂迹（すいじゃく）」でした。普通の人間は彼岸にいる仏の存在を具体的に認知することができないため、仏は自身に代わってこの世の衆生を導き、浄土への旅立ちを後押しする分身（垂迹）をこの世に派遣しました。それが堂舎に鎮座する仏像であり、聖徳太子のような聖人であり、日本の神々であったことは、これまで述べてきた通りです。

岩船山の場合、この垂迹にあたる存在が「生身の地蔵」でした。「生身」は江戸時代以降になると、人間のような血肉の身を持った仏という解釈が一般化します。けれども中世では、不可視の本地仏が衆生を引導するためにこの世に出現することを意味していました。中世に記された『地蔵菩薩霊験記』には、下野（しもつけ）の岩船山にある岩船の上に「生身の地蔵」が出現したという話が収録されています。この世に姿を現わすのは地蔵だけではありませんでした。中世には浄土信仰のメッカであった信州の善光寺ですが、その本尊は三国伝来の「生身」の弥陀でした。

岩船山の地蔵尊は、中世では子授けや安産よりも、人々を遠い浄土に誘う役割が最重要の使命と考えられていたのです。今日の日本では祖先供養の最大の行事はお盆です。たくさんの人々がこの時期に合わせて帰省し、先祖のお墓参りに出かけます。しかし、中世まで遡ると、死者供養の重要な節目と考えられていた時期はむしろ春秋の彼岸でした。お盆ではなく彼岸会が年中行事の中心をなす高勝寺は、死者供養の古風な形態を残していると考えられるのです。

中世の岩船山を考えるとき、もう一つ重要なアイテムが板碑です。松島に典型的に見られたように、東国の霊場と板碑は切り離すことのできない深い関わりをもっていました。板碑もまた彼岸の仏の垂迹であり、人々を浄土に送り出すパワーを持った存在と考えられていました。いまでこそ数は少なくなってしまいましたが、その板碑がかつて岩船山には大量に存在したことが知られています。板碑と並んで中世の霊場を特色づけるシンボルだった五輪塔も残っています。中世の岩船山は、まさしくこの世とあの世をつなぐ境界の地であり、「生身の地蔵」に手を引かれて遠い浄土に旅発つ場所だったのです。

浄土信仰の聖地にして山岳修行の場に

日本列島の古代社会では、山上に磐座（いわくら）のある形のよい山は、しばしば神の住む山として信仰の対象となってきました。奈良盆地を見下ろす三輪山はまさしくその代表的なものでした。そうした古来の神信仰の山の多くが、十二世紀あたりを転機として仏教的な信仰圏に取り込まれ、あの世への踏み切り板として位置づけられるようになります。その代表が奈良・春日神社のある御蓋山（みかさやま）であり、滋賀・日吉神社の八王子山でした。

中世に数多く製作される「春日宮曼荼羅」には、春日神社の社頭と御蓋山を描いた絵の上方にその本地仏を描くパターンが数多く見られます（73頁写真参照）。これは春日の神が浄土の本地仏の垂迹であり、それゆえに浄土への道案内の役割を務めてくれるという認識を端的に表現したものです。これと同様の構図は、八王子山を中心に描いた「山王宮曼荼羅」にも見て取ることができます。中世に入ると、日本の神は彼岸への先達となり、その住居である山はこの世とあの世を結ぶ霊場となっていくのです。

奇怪な姿をして山上に磐座をもつ岩船山もまた、古代には神の住む聖なる地として信仰されていた可能性は高いと考えられます。そうした岩船山に転機が訪れるのは十二世紀ごろのことであったと推測されます。磐座を対象とした神信仰が、仏教的な信仰圏に取り込まれていくのです。その動きの主役となったのが天台系の行者たちでした。

折しも中央の大寺院では、それまで手厚くなされていた国家からの支援が廃絶する時期に当たっていました。国からの財政的な援助を失った寺院は、それに代わる新たな経済基盤を探し求めます。それが土地＝荘園の蓄積であり、地方への布教と支院の開設だったのです。

地方への教線の拡大にもっとも熱心に取り組んだのが比叡山延暦寺でした。特に三代座主である慈覚大師円仁の出身地である下野国（栃木県）を含む東国が、その主要な対象となりました。東日本に、立石寺をはじめとする慈覚大師開基伝承をもつ大量の天台系寺院が存在したのは、それが原因だったのです。

岩船山もまた平安後期に起こる比叡山の東国進出の波動のなかでそのネットワークに組み込まれ、天台宗寺院として新たな出発を遂げたものと推測されます。その信仰の中核となったものが、流行を見せ始めていた浄土信仰でした。十二世紀を転機とする古代から中世への転換のなかで、神の住む聖なる山は人々を浄土に誘う彼岸の出張所へと変貌を遂げていったのです。

中世以前の岩船山を考えるとき、もう一つ見落とすことができないものが日光との関係です。日光は八世紀の勝道上人の開山伝承に知られるように、奈良時代から山岳修行の行場となっていました。平安時代には多数の行者がこの地に集い、男体山を中心とする山々で激しい修行に明け暮れるようになりました。鎌倉時代になると日光は鎌倉幕府との結びつきを強め、東国の山岳修験の中心としての揺るぎない地位を確立するようになります。それに伴い、周辺一帯に山岳修行の網が張り巡らされ、山々の間を山林抖擻（とそう）の修行者が行き交うようになるのです。

岩船山の東北に位置する太平山（おおひらさん）は古くより山岳修行の聖地として知られていました。現在その山頂にある太平山神社は慈覚大師が開いたという伝承を残しており、古くからの天台宗との関係を推測させます。この地には山林修行者の信仰の対象となった虚空蔵信仰や熊野信仰も受容されていました。そこから伸びる支脈上に位置する岩船山もまた、この修験のネットワークの一環として位置づけられていた可能性は高いと考えられます。こうして中世の岩船山は山岳修行の行場として、浄土信仰の聖地として、多くの行者や参詣者を集めるようになっていくのです。

死者の籠る山から参詣すべき霊場へ

浄土往生のための踏み切り板としての機能を担っていた中世の岩船山は、どのようなプロセスを経て死者の籠る山となり、子授けの霊験の地へと変貌を遂げていったのでしょうか。それを知るためのヒントとなるものが、現在、高勝寺に伝えられている二つの縁起です。

そのうちの一つは『真名縁起』とよばれるもので、一六七〇（寛文十）年の成立です。漢文で書かれていて絵を伴っていません。もう一つが仮名書きの『仮名縁起絵巻』で、成立は一七四四（寛保四）年です。狩野派の絵師によって描かれた、色彩鮮やかで豪華な絵巻です。

このうち『仮名縁起絵巻』についていえば、そこでも岩船山が「生身の地蔵」出現の霊地であることはすべての前提になっています。しかし、生身の地蔵の主要な役割はもはや死者を浄土へと送り出すことではありませんでした。この縁起には、中世で盛んだった浄土信仰の痕跡をほとんど認めることはできません。代わってストーリーの中心となっているのは、岩船山をめぐる不思議な出来事であり、山が人々にもたらすさまざまなご利益でした。

絵巻には岩船山のあらたかな霊験に加えて、そのパワーを支える可視的なアイテムが書き込まれています。この絵巻では岩船山と河内国の生駒山の深い因縁が語られていますが、それを証拠づける根拠として強調されているのが、両山に残る聖なる足跡（仏足石）でした。岩船山には仏の右の足跡があり、生駒山には大石の上に左の足跡が残されているというのです。

絵巻ではこの足跡が皇祖である瓊瓊杵尊のものであるとされ、さらに瓊瓊杵尊は地蔵菩薩の垂迹と位置付けられています。また八幡などの日本の神々も登場し、重要な役割を担うようになります。岩船山は江戸時代には霊験に満ち溢れた、神仏の行き交う聖なる地とみなされるようになるのです。

岩船山の仏足石は、「御足（みあし）の印紋（いんもん）」として『仮名縁起絵巻』に明瞭に描かれています。林京子氏は、この足跡が二〇一一年の東日本大震災の際に崩落した部分に存在したことを指摘されています。こうして岩船山は近世に入って、現世利益を表に出した霊場として再出発を遂げました。江戸時代は一方で、不可視の彼岸世界がリアリティを失い、死者がいつまでもこの世に留まるようになる時代でもありました。岩船山は東北によく見られる「モリの山」（第17章）と同じく死者の籠る地と認識されるようになりました。神仏の寄り集うこの聖なる山で、死者たちは親族の来訪を心待ちにしながら、神仏の庇護を受けて静かに穏やかに「ご先祖さま」への道を歩んでいるのです。いまに続く聖地岩船山が、こうしたプロセスを経て誕生するのです。

江戸時代は寺社参詣の時代でした。多くの人々が身分を超えて霊地霊場に足を運びました。娯楽の少ない江戸時代にあって、寺社参詣は日常生活を離れた数少ない遊楽の機会でした。寺社の門前には遊郭が建ち並び、なかには伊勢の古市のように、江戸の吉原、京都の島原と並び称されるような巨大な遊郭街に発展したものもありました。岩船山も来訪者が増加するにつれて参詣後の「精進落とし」の需要が高まり、周辺に遊郭に類する施設が作られるようになりました。

現代人の聖地巡礼の場として

近代に入ると岩船山はさらに数奇な運命に見舞われます。岩船山を形成している地質は角礫（かくれき）凝灰岩ですが、軟らかくて加工しやすいため、「岩船石（いわふねいし）」の名称で江戸時代から建築の土台として広く用いられるようになりました。二十世紀に入ると搬出用の軽便鉄道が敷かれ、戦後の建築ブームの折にはさらに大量の石の切り出しが続きました。四方を切り立った崖で囲まれた今日の岩船山の景観は、その結果として生み出されたものだったのです。

二〇〇〇年からは毎年、断崖を背景に岩船石の採石地跡を舞台とした野外コンサート「岩船山クリフステージ」が開催され、多くの聴衆を集めています。また、採掘の完了した跡地では広い空間が確保できるため、火薬を使った爆発シーンを撮影できる貴重なスポットとして、スーパー戦隊シリーズや仮面ライダーシリーズなどの「特撮もの」のロケ地として利用されています。新海誠監督の『秒速5センチメートル』も岩舟駅周辺を舞台としているため、これらの作品のファンが数多くこの地を訪れるようになっています。現代の岩船山は、かつての意味とは全く違った形で「聖地巡礼」の場となっているのです。

15 人々はかつて一日の無事よりも来世の浄土を祈願していた

熊野神社　東北各地

東北の地になぜ熊野神社があるのか

いまは上演されることもほとんどなくなりましたが、能に「名取ノ老女」という演目があります。中世に遡る説話に基づいた内容です。

昔、陸奥（みちのく）は名取の里に、一人の老女が住んでいました。この女性は熱心な熊野（和歌山県）の神の信仰者で、毎年欠かすことなく熊野に参詣していました。しかし、しだいに老いて歩行もままならなくなったため、名取に熊野三神を勧請し、神社を建てて参拝することを日課とするようになりました。一一二三（保安四）年、奥州藤原三代の時代の出来事です。

ちょうどそのころ、熊野の本宮に参籠していた山伏がいました。その山伏が夢のなかで、熊野に自生する常緑樹のナギの葉を名取の老女に届けろという指示を受けるのです。起きてみるとそばにナギの葉があり、その葉には虫食の跡がありました。それが文字の形になっていて、「みちとをし　としもいつしかおいにけり　おもいおこせよわれもわすれじ」という歌が読み取れました。ナギの葉とそこに刻まれた熊野の神の歌を老女の元に届けた山伏は、老女とともに熊野権現にお礼の祈りを捧げたところ、そこに護法（守護神）が現れて祝福を授けるという大変おめでたい話です。

宮城県名取市にある熊野三社の一つ「新宮社」

「名取ノ老女」の舞台となる名取の里は、仙台市の南隣の名取市に位置しています。仙台駅を出た新幹線が東京方向に五分ほど走ると市街地が途切れ、西の方角に、田園風景越しに低い丘の連なりが現れます。目を凝らすと、丘陵上に、何本かの巨木が突き出している場所があります。熊野那智神社とその境内に立つ神木です。その麓の一帯、現在、高舘（たかだて）とよばれている地が、老女の生きたとされる平安時代の名取の里でした。山上の那智神社に加えて、山麓には熊野本宮社と新宮社（熊野神社）があり、老女が勧請したという三社がいまも信仰の世界を形作っているのです（右頁の写真）。

十七世紀の初めに伊達政宗によって城下町仙台が建設されるまで、東北の政治の中心は陸奥(むつ)国府(こくふ)が置かれていた仙台市北郊の岩切でした。岩切は多賀城の近くで、仙台駅からは十キロぐらいの距離になります。他方、文化の中心ともいうべき地がこの名取だったのです。

高舘一帯にはかつてこの地に花開いた栄華を偲ばせるかのように、熊野三社以外にも中世に遡るたくさんの遺跡が残されています。高舘を南北に貫く古代の東街道沿いには、『源平盛衰記(げんぺいじょうすいき)』に登場する笠島の道祖神社があります。そこから一キロほど北に行ったところに、社前を通行する際に下馬を拒んだために、かの道祖神の怒りに触れて命を落としたという実方中将(さねかたちゅうじょう)の墓もあります。

新宮の境内に建つ新宮寺文殊堂は、平安時代から鎌倉時代にかけて書写された大量の一切経を蔵しています。那智神社には、百数十体もの大量の懸仏(かけぼとけ)（円形の鏡に仏を浮き彫りにしたもの）が伝えられています。那智神社の丘陵に切れ込んだ谷には中世の共同墓地があり、そこから二百四十八基に及ぶ大量の板碑(いたび)（中世の供養碑）が発見されました。高舘には、平安から鎌倉期にかけてこの地で全盛を迎えた仏教文化の痕跡が色濃く残っており、現存する熊野三社が、名取老女の伝説の舞台となった神社である可能性はきわめて高いのです。

奥州に熊野を伝えたのは誰か

東北には名取以外にも平安時代に遡ると推定される熊野の古社が点在しています。たとえば、山形県寒河江(さがえし)市にある平塩(ひらしお)熊野神社です。

ここでは毎年四月三日に境内に舞台が設置され、舞楽が奉納されます。その日は普段閉じられている神社の扉が開かれて、安置されている二体の仏像が披露されます。椅子に座った姿をした地獄の十王像で、制作は十二世紀に遡ります（写真）。現在は神社となっていますが、神仏分離以前はきわめて仏教色の強い場所だったことが分かります。

寒河江市にある平塩熊野神社の伝十王像

また、喜多方(きたかた)ラーメンで知られる福島県喜多方市には、新宮熊野神社があります。ここには平安時代に作られ、鎌倉時代に修復された長床(ながとこ)といわれる拝殿があります。参詣者が祈りを捧げたり、お籠もりをしたりする場所です。拝殿の正面に石段があり、それを登ったところに神社の本殿があります。そばに大きなイチョウの木があり、秋になるとイチョウの葉が長床に吹き込み、床一面を黄色く染め上げます。ここには平安時代に作られた三体の神像が安置されています。

もう一つご紹介したいのは山形県南陽（なんよう）市の宮内（みやうち）熊野大社です。南陽市は山形県の南部に位置しており、温泉とワインで有名です。宮内熊野大社には茅葺きの巨大な本殿があります。この神社には本地仏と伝えられる、観音菩薩を中尊とする三体の仏像が伝えられています。私も拝観させていただきましたが、平安時代の作風です。

熊野神社の古社はこれだけではありません。この後もご紹介しますが、平安時代まで遡る伝統をもつ熊野神社が東北地方にはたくさん残っているのです。

院政期ともいわれる平安後期は、上皇・貴族から庶民にいたるまで、熊野詣が流行した時代でした。人々は「蟻の熊野詣（くまのもうで）」と形容される行列をなして、聖地熊野を目指しました。その背景には、全国を行脚して貴賤を熊野に誘った、御師（おし）・先達（山伏）とよばれる人々の活動がありました。東北に残る熊野の古社は、そうした熊野関係の宗教者グループの活動が、この地にまで及んでいたことを示す痕跡にほかならないのです。

それを後押ししたのが十二世紀に平泉を拠点として東北を支配した藤原氏でした。奥州の覇者となった藤原氏は積極的に街道の整備を進めます。白河の関から陸奥湾の外ヶ浜（そとがはま）まで、街道に沿って一町ごとに金色の阿弥陀如来を描いた卒塔婆を建てた、という話はよく知られています。藤原氏は平泉に熊野神社を勧請しただけでなく、奥大道(おくたいどう)と呼ばれた東北を南北に貫く動脈沿いに、熊野神社が建立されていくことを支援しました。名取の熊野神社三社はまさにその一つでした。いまでも三社の間を奥大道が抜けている様子を見てとることができます。新幹線で仙台の一つ北にあたる駅が古川ですが、そこにも街道に沿って宮沢熊野神社という古い由緒を持つ神社があり、平安時代の立派な懸仏が伝えられています。

海を媒介として広まった熊野信仰の功徳

宗教者に加えて、熊野信仰の伝播の担い手には熊野の水運業者がいました。平泉の遺跡からは愛知県の常滑(とこなめ)や渥美(あつみ)で生産された大量の土器類が出土しますが、その輸送を担当したのが熊野の海上勢力でした。常滑・渥美で作られた陶器は、まず対岸の伊勢の大湊(おおみなと)に運ばれました。そこで大きな船に移して太平洋側を北上し、牡鹿(おしか)半島のつけ根にある牡鹿湊(おしかみなと)で川船に積み替え、北上川を遡上して平泉に至るのです。

熊野の水運業者が熊野信仰を伝えたことを証明するかのように、東北の太平洋側には海上交通と深く関わる地に熊野神社が存在します。古くから船で運航する際には、海路を見失わないように、海から見て目印になる山を設定することが広く行われていました。それを「山あて」といいますが、北東北を代表するものとして北上山地の室根山（むろねさん）がありました（写真）。

室根山は一関と気仙沼の中間にある標高九百メートル弱の山です。それほど高くないのですが、周囲に高山がないためとても目立ちます。道路が整備されていて、頂上まで車で行くことができます。山頂には三陸のリアス式の海岸線を望む展望台があり、北上山地を代表する観光地となっています。室根山の八合目に熊野神社があります。いまは室根山神社とよばれていますが、本宮と新宮が並んで建っています。この神社は江戸時代以前には、周辺地域の修験勢力と熊野信仰の元締めを務めていました。室根山の麓には南流（なんりゅう）神社があり、平安時代の仏像が所蔵されています。ほかにも、室根山を取り巻くように平安時代に遡る仏像が複数体残されています。海を媒介として、熊野信仰と室根山が結びついていったと考えられるのです。

海から見える室根山に熊野神社がある

東日本の主要な港にも、熊野神社が勧請されました。鎌倉の外港である六浦（むつうら）に熊野神社が建てられたことは、「化粧坂」の第７章で触れましたが、岩手県大船渡（おおふなと）市にも古い熊野神社があります。地元では「まっさき」と呼んでいますが、末崎熊野神社がそれです。ここには樹齢千年を超える天然記念物のツバキの木があります。神社ができたころに植えられた可能性があります。神社から正面に湾が見え、そこが天然の良港になっています。江戸時代にはすでに港になっていたことを示す絵図が残っています。3・11の東日本大震災（二〇一一年）の際には、この神社の鳥居の前まで津波が到達しています。しかし、神社は無事でした。これまでも繰り返し津波に襲われていますが、この神社が波に飲み込まれることはありませんでした。東北の神社を歩くと、ギリギリのところで津波の被害を免れたケースを数多く目にします。長い経験に基づき、安全な場所を選んで神社が建てられているのです。

水運業者は沿岸や海運の要所に、みずからの信仰する熊野社を勧請して、折々に航海の無事を祈りました。熊野信仰は海と深く結びついていました。名取の老女の伝説は、こうした熊野信仰の東北への広がりを背景として生まれたものだったのです。

西方浄土からこの世の補陀落浄土へ

熊野神社は海上勢力によって、航海の無事を祈る神として信仰されましたが、熊野の神のご利益はそれだけではありませんでした。熊野は古くからの聖地であり、古代には死霊の籠る地とされてきました。死と深く関わる伝統を引き継いで、中世の熊野は死後の救済を願う場所としても人々の信仰を集めるようになるのです。

そうした熊野の地の特色をよく示すものが、補陀落渡海の信仰です。補陀落浄土は観音菩薩の浄土です。海の彼方、はるか南方に実在すると信じられていました。この浄土への到達を目指して、本州最南端の那智浦（和歌山県）から大海に乗り出す人々が跡を絶たなかったのです。中世には補陀落渡海の出発地だったと考えられる那智勝浦町の補陀洛山寺には、長さが六メートルほどの渡海船の復元模型が展示されています（写真）。鎌倉幕府が編纂した歴史書である『吾妻鏡』は、補陀落渡海を試みた鎌倉武士にまつわる次のようなエピソードを記録しています。

補陀落山寺の補陀落渡海船復元模型

――北条泰時が鎌倉幕府の執権を務めていた一二三三（貞永二）年三月七日のこと。一人の老僧が熊野那智浦から南に向かって船を出しました。法名は智定房、在俗の折には下河辺六郎行秀として知られた名うての勇者でした。智定房が小舟の屋形に入った後、扉は釘でもって外から打ち付けられました。船には三十日分の食料と、灯り用のわずかな油だけが積み込まれていました。海に押し出された船は、やがて北風に押されて波の彼方に姿を消していきました。かつて源頼朝が生きていた時代のことです。下野国の那須野で巻狩を催したとき、行秀は指名を受けたにも関わらず、頼朝の面前で大鹿を射損じるという失態を演じてしまいました。行秀はその場で髻（もとどり）を切って出家し、そのまま行方をくらましました。近年、熊野の山に籠って法華経を読誦しているという風聞はありましたが、いま船出に当たって、人に託して出家以来のことを記した手紙を泰時に届けてきました。泰時はそれを皆に披露させたのですが、折節、伺候（しこう）していた者で、涙を流さぬものはありませんでした――。

熊野からの補陀落渡海は、中世にはしばしば見られた行為でした。鎌倉時代の法相宗（ほっそう）の貞慶（じょうけい）は『観音講式』という書を著していますが、その中で補陀落浄土について、「娑婆であっても娑婆でなく、浄土であっても浄土でない」ゆえに、普通の人間でも行きやすい場所であると述べています。「わが浄土は、遠くは西方浄土、近くは補陀落山」という言葉も残しています。

多くの中世人にとって人生の最終的な目標は浄土への往生でしたが、それは容易に成就するものではありませんでした。西方はるか彼方にある極楽浄土よりは、この世のなかにあって船でも到達できる補陀落浄土の方が、とりあえず赴く場所として魅力的にみえたのです。

補陀落信仰で知られた熊野でしたが、中世の浄土信仰の主流であった阿弥陀仏の極楽浄土の信仰ももちろん存在しました。『熊野権現影向図』（檀王法林寺）では、名取老女が熊野に参詣したときに、目の前に本宮の本地仏である阿弥陀如来が現れて、死後の救済を約束したとされるシーンが描かれています。画讃には、弥陀三尊の化現した姿を拝したものは西方浄土への往生が約束される旨が記されています。影向との対面は、もっとも信頼に足る往生の確約と信じられていました。名取老女の逸話は、いまでこそ神の祝福を受けるめでたい話になっていますが、本来の老女の祈りは、死後の浄土往生と救済の実現であったと推測されるのです。

他界浄土への確信があるがゆえに

現在においても、海の仕事は大きなリスクを伴っています。風や潮に左右される平安・鎌倉時代の海運はなおさらでした。海民でなくても、飢饉や疫病や災害など、当時は常に命を落とす危険にさらされていました。常に死と隣り合わせの日々を過ごすなかで、人々の心の支えとなったのが、熊野神の加護だったのです。

しかし、人々が熊野権現に祈りを捧げた究極の目的は、一日の無事ではなく、死後の救済でした。私たち現代人にはなかなか理解し難いことですが、中世人にとって最大の関心事はこの世の平穏ではなくて、死後の運命でした。中世人は死後の世界に対する強いリアリティを共有しており、かの世界に比べれば、現世は所詮、仮の宿りにすぎませんでした。那智の浜から、南の海の彼方にあると信じられていた観音のいる補陀落浄土をめざして船出する行為は、私たちからすれば自殺以外の何ものでもありません。しかし、その背景にあったものは、当時の人々が共有していた他界浄土の実在に対する揺るぎのない確信だったのです。

大震災の爪痕も癒えた名取・熊野那智神社からの光景

熊野をはじめとする日本の神々は、遠い浄土にいる不可視の仏たちが、この世の人々を彼岸に誘(いざな)うために化現した存在でした。それゆえに、那智神社が補陀落浄土の信仰と結びついていたように、老女の前に本宮の本地である阿弥陀仏が姿を現したように、熊野の神は現世安穏を祈る対象にとどまらず、浄土とこの世を媒介する救済者と信じられていたのです。

名取の山上にある熊野那智神社は眺望の地です。高台にある境内から東を望めば、眼下にはかろうじて都市化の波を逃れた高舘の農村風景が広がっています（写真）。視線を上げれば、仙台平野越しに光る海面が見えます。その彼方では、一本の水平線が天と地を区切っています。二〇一一年三月十一日、巨大な津波は海岸から三キロ内陸の地点まで押し寄せ、ここから見える範囲だけでも数千人の命を奪いました。仙台東部道路（三陸常磐自動車道）の東側一帯が、すべて泥海と化しました。しかし、いま目にするのどかな風景から、震災直後の惨状を想像することは困難です。

しばしば「未曾有の」と形容される津波ですが、仙台平野が津波の襲来を受けることはこれが初めてではありませんでした。東北の沿岸は繰り返し津波に洗われ、そのつど多数の人々の命が失われました。海は津波以外にも、容赦なくそこに生きる人々の命を奪いました。遥か昔、名取の老女の伝説が生まれた時代にこの地に立った人々も、同じ景色を見ていたに違いありません。彼らが、彼女らが、遠い海を目にして想ったのは、そこで命を落とした仲間の行方であり、先に逝った縁者の命運であり、人の生死の不定でした。

自然は豊かな恵みを与える代わりに、人間のささやかな営みを容赦なく踏み潰しました。しかし、ここから遠望する海は、一人ひとりの人生に降りかかる激動の運命を穏やかに包み込んで、千年変わらぬ表情を見せています。あの水平線の先に、この空の彼方に、永遠の浄土がある――この地に立った人々は、もはや言葉を交わすことのできない仲間を想い、故人の魂がかの浄土に確実に辿り着くことを祈りました。みずからの往生を祈り、彼岸での再会を願いました。その希望が、日々の過酷な試練を乗り越える力となったのです。

16 江戸時代に日本人の他界観が劇的に変化したことが分かる幽霊の出現

全生庵　東京都台東区

幕末維新の犠牲者を弔うお寺

東京の谷中（台東区）は、食堂や土産物店が建ち並ぶ古い商店街です。大戦の戦火を免れたレトロな雰囲気が人気を呼び、いまは大勢の国内外の観光客が訪れる人気のスポットとなっています。山手線の日暮里駅の西口を出て、線路の上に架かる橋梁を渡って西に向かえば、谷中銀座はすぐそこです。西日が綺麗に見えると評判の階段、「夕焼けだんだん」を降りて行き、「谷中ぎんざ」の看板の掛かったアーチを抜けると、小さな商店が軒を連ねています。

東京を代表する観光地としてすっかり有名になった谷中ですが、江戸時代に遡ればここは寺の町でした。

徳川二代将軍の秀忠が天台僧の天海に上野の寺地を与え、三代将軍の家光の時代である一六二五（寛永二）年に、そこに将軍家の菩提寺となる寛永寺（天台宗）が建立されました。そこから北に谷中の方面に向かって寛永寺の子院が次々と建てられ、江戸幕府の都市計画ともあいまって、やがてこの一帯が寺町として整備されることになったのです。

いまでも谷中の周辺を散策すると、いくつもの寺院を目にすることができます。今回訪問する全生庵（ぜんしょうあん）（臨済宗国泰寺派）は、そんな谷中にある寺の一つです（写真）。

山岡鉄舟開基による東京谷中の全生庵

谷中には古い由緒を誇る寺院も少なくありませんが、全生庵はそれほど長い歴史をもつ寺ではありません。幕末の三舟の一人として知られる山岡鉄舟の発願で、一八八三（明治十六）年に建立されました。

鉄舟は薩長軍の東征の際に単身敵陣に乗り込んで西郷隆盛と会見し、江戸城を無血開城に導いた人物です。幕末維新期の内乱の際に犠牲になった人々の菩提を弔うことが目的であったとされています。

全生庵には多くの著名人の墓がありますが、その一つに幕末から明治時代に落語の名人として活躍した三遊亭円朝のそれがあります（写真）。

鉄舟はすぐれた武術家でしたが、禅の道をきわめようとした人物でもありました。鉄舟は落語家円朝の禅の師匠であり、円朝の生き方とその芸風に大きな影響を与えたことが、さまざまなエピソードとして伝えられています。全生庵の裏手にある墓地では、中央にある巨大な鉄舟の墓碑を守るように弟子たちの墓が並び、その一環に円朝の墓が位置している様子を見て取ることができます。円朝師匠がもっとも得意としたジャンルに、怪談話があります。出来上がった台本を語るだけではなく、みずから工夫を重ねて、いまでは怪談の定番となっている「真景累ケ淵（しんけいかさねがふち）」「牡丹灯籠」「怪談乳房榎（ちぶさえのき）」などの新作を生み出しました。

全生庵にある落語家・三遊亭円朝の墓所

怪談の道をきわめようとする一方で、円朝はその参考にすべく、たくさんの幽霊画を収集しました。そのコレクション五十幅が、現在、全生庵に収蔵されているのです（次頁の写真）。

江戸時代に怪談がはやった訳

日本の思想や文化を考えるとき、日本人はもちろん、外国人にとっても興味深いテーマに幽霊や怪談があります。それらは落語をはじめ、歌舞伎、浮世絵の題材として好んで取り上げられてきました。江戸時代には「東海道四谷怪談」のお岩や「皿屋敷」のお菊は、誰もがその名前を知る怪談界のスーパースターでした。幽霊をめぐるたくさんの怪談が日々高座にかけられ、歌舞伎では生々しい復讐のシーンが再現され、それを描いた浮世絵が大量に世間に流布しました。その系譜は、日本が世界に誇る現代のホラー映画にまで継承されているのです。

全生庵にある松本楓湖の幽霊図
（『別冊太陽』98「幽霊の正体」）

こうした幽霊の文化の源流は江戸時代に遡ります。怪談は江戸の文化の中で洗練され、十九世紀に完成をみるのです。全生庵に所蔵されている幽霊の絵画は、そのピークをなすものといってよいでしょう。

ここで一つ疑問がわきあがります。江戸時代が幽霊文化のピークであったとすれば、それよりも前の時代に遡ったとき、幽霊や怪談の類にはどのようなものがあり、どのような扱いを受けていたのでしょうか。社会の世俗化が進行する江戸時代に、なぜ幽霊などの神秘的な存在が人々の注目を集めることになったのでしょうか。

中世初期に編纂された説話集に『法華験記』と『今昔物語集』があります。そこには立山の山中で若い女性が霊となって出現し、修行者に救いを求める話が収められています。

この本でもたびたび論じたように、中世ではこの世に残る死者は不幸な存在と考えられていました。立山の山中には罪を負った死者が堕ちるべき地獄があり、彼女はそこで責苦を受けていたのです。彼女が悪道に落ちた原因は、仏のために用いるべきものを父親が私的に流用したことでした。この女性は行者に対し、滅罪のために法華経の書写を行ってほしいという父母への伝言を依頼しました。

行者が女性の霊の言葉に従って近江国にある彼女の生前の住居を訪ねてみると、確かにそこに両親がいました。両親が行者の勧めるままに書写供養を行ったところ、父と行者の夢に美しい衣服を着けた娘が出現し、合掌して「法華の力、観音のご加護の力によって、立山の地獄を出でて、忉利天に生まれることができました」と感謝の言葉を告げるのです。

立山の女性が願ったのは、仏の力を頼んだ地獄からの脱出でした。そこを抜け出した彼女は、もはやこの世に留まることはありませんでした。最終的な救済の前段階である、この世と浄土の中間に位置する天上の世界に上ったのです。

幽霊譚の中世的バージョンともいうべきこの話を聞いて、皆さんはどんな感想をお持ちになったでしょうか。私が感じ取ったのは、このエピソードと近世の怪談との間に存在する大きな落差でした。私には、この二つの幽霊譚の構造が根本的に異なるもののように思われたのです。

立山の女性が幽霊となった原因は「仏物」の流用という仏教的な意味での罪でした。その結果、その報いを受けて悪道に堕ちることになったのです。女性が願ったのはそこからの脱出であり、この世での生死の循環を断ち切り、最終的には悟りの世界に到達することでした。「罪業」と「救済」がキーワードになっているこのエピソードの背景にあるのは、仏教的な世界観です。

しかし、江戸時代の怪談は、これとは全く異質です。同じく死後の世界とそこで苦しむ人々を取り上げながらも、そこから「罪業」と「救済」の概念がすっかり消え去ってしまっているようにみえるのです。

死者はなぜ幽霊になったのか

江戸時代の怪談のストーリーを紐解きながら、この点をもう少し詳しくご説明したいと思います。

十七世紀に出版された『諸国百物語』に収録された、安部宗兵衛（あべそうべえ）という人物の妻の話です。武士である宗兵衛はその妻を虐待し、ろくに食物を与えませんでした。妻が病気になっても薬を飲ませなかったため、彼女は十九歳の若さで亡くなりました。死の間際に妻は、「この恨みは決して忘れない」といって息を引き取りましたが、宗兵衛は死体を山に捨てて弔いをしようともしませんでした。そして、すぐに妻のことを忘れて、愛人と一緒の生活を始めるのです。

妻が死んで七日目の夜中のことです。宗兵衛が愛人と寝ていると幽霊になった妻が恐ろしい形相で現れ、愛人をばらばらに引き裂きました。その上で、「明日の晩、また来て恨みを晴らそう」といって姿を消すのです（写真）。

亡くなった前妻の怨霊に引き裂かれる女（『江戸怪談集』下、岩波文庫）

宗兵衛は恐怖にかられ、僧侶をよんで祈祷を行いました。翌日の夜には弓や鉄砲までを用意しました。しかし、幽霊にはなんの役にも立ちませんでした。妻の幽霊は宗兵衛を二つに引き裂き、周りにいた下女を蹴り殺し、天井を破って空に上って行くのです。

宗兵衛の妻が幽霊になった原因は、理不尽な死と供養の放棄でした。死者に対する義務を果たさない夫に復讐すべく、妻は死者の世界を抜け出して日常空間に越境し、容赦ない復讐を果たすのです。仏の力もその行為を止めることはできませんでした。結末はきわめて世俗的な意味での復讐の完結であり、幽霊が宗教的レベルで救済を得ることはついにありませんでした。そもそも幽霊は、はなからそんなことを望んではいなかったのです。

これとは逆に、きちんとした供養を受けて死者が心を和らげ、墓に定着するケースもありました。同じ『諸国百物語』に収められた話です。京都府の亀山に大森彦五郎という侍がいました。その妻はたいそうな美人で、彦五郎は妻を愛していましたが、お産のときに命を失ってしまいました。その後独り身を通していた彦五郎は、周囲の強引な勧めで三年後に再婚しました。この後妻はたいへん良くできた人で、亡くなった最初の妻を毎日懇ろ（ねんごろ）に供養しました。

最初の妻は双六遊びが好きで、亡くなった当初、毎夜幽霊となって出てきては下女と双六遊びに興じていました。だが、やがて周囲の心遣いに感じて現れることをやめました。後妻は双六の盤を作って、最初の妻の墓に供えるのです。

この世に執着をもって出没していた幽霊も、関係者がきちんとケアすれば、墓に落ち着いてさまよい出ることがなくなるのです。

近世の幽霊は、もとはごく普通の俗人でした。生者が約束を守って供養を継続すれば、死者はおとなしく墓に留まると考えられていました。しかし、生者が契約を破棄して無残な仕打ちを加えたとき、死者はたちまち恐ろしい幽霊となって、生者の世界に越境してくるのです。

それぞれの幽霊は明確な復讐の対象をもっていました。その復讐が遂げられないうちは、どのような対応をとっても幽霊は決して満足することがありませんでした。仏の力をもってしても、その怨念を防ぎ留めることは不可能でした。

近世では、宗教的な意味での「救済」はもはや幽霊を語る際のキーワードではありませんでした。俗世の愛憎劇がそのまま死後の世界に投影されているのです。

死者供養の主役となった遺族の務め

このような幽霊のイメージの変容の背景にあったのは、いったい何だったのでしょうか。

これまでも何度か指摘したように、この世を遠い浄土に到達するまでの仮の宿りとみる中世の世界観は、十四世紀からしだいに変容を見せます。中世人が共有していた不可視の浄土のリアリティがこのころから急速に失われ、人々の主要な関心があの世からこの世のことに移行します。近世人は来世での救済よりも、この世での幸福の実感と生活の充実を重んじるようになるのです。

このような世界観の変容は、当然のことながら、当時の人々の死や救済の観念にも重大な影響を及ぼしました。他界の観念が薄らいだいま、死者の行くべき地はもはやこの世と隔絶した遠い浄土ではありませんでした。人は死して後もなお、この世に留まり続けるのです。成仏は遠い他界への旅立ちではなく、この世での安らかな眠りにほかなりませんでした。この世に留まる霊魂の依り代となったのが、遺骨と墓標です。あらゆる死者の霊魂は遺骨の眠る墓を離れることなく、いつまでもそこに棲み続けるのです。

遠い浄土の観念の希薄化は、そこに住んでいる絶対的な救済者である仏に対するリアリティの後退を意味しました。近世の人々はもはや中世人のように、一瞬にして死者を遠い浄土に救い取ってくれる強力な救済者のイメージを思い描くことはできませんでした。

仏に代わって死者供養の主役を務めるようになったのが遺族です。江戸時代の死者は、仏の力で瞬時に救済されるのではなく、遺族との長期にわたる交際を通じて、川を転がる石が徐々に角を落としていくように、しだいに神に近い存在＝「ご先祖様」になっていくと考えられるようになったのです。

折りしも十六～十七世紀は、世代を超えて継続する「家」（イエ）の観念が庶民層にまで下降していく時代でした。自分たちがいまいるのは先祖のおかげであり、代々の先祖をきちんと供養しなければならないという認識が人々の間で共有されるようになりました。

家ごとの墓地が定着し始めるのもこの時代でした。こうして江戸時代に入って、墓地に住んで子孫の訪れを待っていると考えられた死者の数は急速に増加していくのです。

身近な故人はその生前の姿が偲ばれる懐かしい存在です。しかし、いくら親しい人物でも、やはり死者は不気味な存在には違いありません。まして他人となれば、その気味の悪さはひとしおです。そうした死者に、ふらふらと無秩序に出てこられたのではたまったものではありません。

そこで近世の人々は死者と、ある契約を取り交わすことにしました。一つは墓地を、常にありがたい読経の声が聞こえるようなお寺の境内に作ることです。この約束を果たすために、戦乱の世が終わって社会が安定した十七世紀の日本では、都市の内部に大量の寺院が計画的に建立されるようになりました。寺の境内に墓地をもたなかった中世以前の寺院に対して、これらの近世寺院は本堂と墓地がワンセットで造られているところにその特色がありました。谷中の全生庵はこうしたタイプの寺院の系譜に連なるものでした。日本でのお寺と墓地との深い結びつきは、このときから始まるのです。

もう一つは、近親者が折々に墓地を訪れ、死者が寂しい思いをしないで済むように心掛けることです。また一年に一度、お盆の時期には死者を自宅によんで、手厚くもてなすことです。お盆には先祖の霊を迎えるためのたき火が焚かれ、霊が滞在するための精霊棚が設けられました。死者と生者との定期的な交流が、国民的な儀礼として定着していくのです。

こうした条件を受け入れる代わりに、死者は自分の墓地におとなしく留まることを約束させられました。生者の領域と死者の領域が厳密に区別され、普段は相互に相手の領域を侵犯しないことが定められたのです。

この地に死者が留まるという死生観

しかし、そうした契約にも関わらず、近世では冷酷な殺人と死体遺棄、供養の放棄など、生者側の一方的な契約不履行は後を絶ちませんでした。そのため、恨みを含んで無秩序に現世に越境する死者も膨大な数に上りました。これが江戸時代の幽霊発生の典型的なプロセスだったのです。

冒頭で言及したきわめて有名な「東海道四谷怪談」のお岩や「皿屋敷」のお菊は、いずれも生者の残虐な仕打ちによって死を迎えた女性たちでした。彼女たちはなんの落ち度もないにも関わらず命を奪われ、その死体は墓に埋葬されることのないまま放置されました。供養されることもありませんでした。やがて幽霊と化した彼女たちによる激しい復讐が開始されます。それは迫害に加担した人物がみな死に絶えるまで止むことがありませんでした。めずらしく男性の幽霊である「こはだ小平次」も、妻とその愛人によって殺害された人物でした。

近世の幽霊はもはや宗教的な救済などは求めませんでした。その目的はただ一つ、自分を無残に殺害して放置した相手に対する仮借ない復讐でした。こうして近世においては、世俗社会の人間関係をそのまま反映する怨念に満ちた大量の幽霊が誕生することになったのです。

日本文化に関する概説書を読むと、しばしば日本人の死生観の特色についての記述がありま す。ほとんどの本で、死者は遠くに去ることなく、いつまでも身近な場所に留まるというのが日本人の伝統的な信念だ、という説明がなされています。

この通説の源流は、民俗学の祖とされる柳田國男の説にありました。その代表的著作である『先祖の話』（一九四六年）のなかで、柳田は亡くなった先祖を身近な存在と捉え、それとの日常的な交流のなかで日々の生活を営む日本人の姿を描き出しました。

この柳田の説がもつ強い説得力の背景には、死者がいつまでも身近に留まるという観念が、今日においてもなお多くの日本人にとってリアルに認識できる状況が存在するように思われます。全生庵の墓地に立ったとき、私たちは山岡鉄舟と円朝がいまもなお生前と同じ姿でこの地に留まり、親しく会話しているイメージを思い浮かべてしまいます。お盆やお彼岸の墓参では、私たちはそこに死者の実在とその視線を感じます。

冬にとある墓地を訪れたとき、墓石に紳士物のジャケットが着せ掛けられている光景を目撃したことがありました。墓前に毛布が置かれているところもありました。私たちはただ身近な死者を想い続けるだけではありません。暑くはないか、寒くはないか、寂しくはないか——その死後の生活にも深い関心を持ち、細やかな気配りを見せるのです。

しかし、それは決してこの列島上で時代を超えて受け継がれた「日本的」な感性などではありませんでした。江戸時代以降に歴史的に形成され、人々に共有されていった新しい感覚でした。この感性が江戸の幽霊文化の土台となっていたのです。

第4部

近代―現代の仏をなくした他界観

17
死者と生者の交流のあり方を再考する契機としてのモリ供養
モリの山　山形県鶴岡市

故人の実在が感じられる行事

みずから望んだような幸福なかたちであろうと、意に反した悲劇的なものであろうと、人には必ず死が訪れます。遺体は数日のうちに朽ち始め、一年も経てば物質的存在としての人間はほとんどその実体を失ってしまいます。しかし、私たちがすぐに故人を忘れ去ってしまうことはありません。残された人々は繰り返し死者を想起し、その面影に触れようとして虚空に指先を伸ばし続けるのです。

山形県の鶴岡市から国道七号線を南に向かって走ると、日本海に沿って広がる庄内平野の水田風景のなか、左手方向に三つのこぶをもった小高い丘が見えてきます。地元では「清水のもり」とよばれている三森山（みつもりやま）です。三森山は、東北ならばどこにでもある、標高百二十メートルほどのごくありふれた里山です（写真）。

　この三森山には、一つの珍しい習俗が残されています。地元では普段この山に登ることはタブーとされていて、人が立ち入ることは滅多にありません。しかし、八月二十二日、二十三日の二日間だけはその禁忌から解き放たれて、三森山は全く違った表情を見せるのです。

年に２日間だけ賑わう三森山とは何か

　この両日、車を麓に止めた人々が、早朝から三つのルートを通って山頂を目指す姿を目にすることができます。雑木林の間を縫う小道はしだいに険しさを増し、やがてつづら折りの急坂となります。暦の上ではすでに秋といっても、まだ残暑が厳しい時期です。加えて、登山者の多くは年配の方々です。かなりつらい道のりですが、参詣者はそれぞれのペースで登り続けます。

　二十分も歩けば上り坂は終わり、山上の開けた場所に出ます。そこから先には、三つのピークをつないで緩やかにアップダウンを繰り返す尾根道に沿って、姥堂、閻魔堂、大日堂、観音堂、地蔵堂、仲堂（勢至堂）、阿弥陀堂という名称のついた小さなお堂が点在しています。それぞれの堂には、幕が張り巡らされ幡（はた）が立てられるなど、趣向を凝らした飾り付けがなされています。

堂の前庭には日除けのシートが張られ、その下には施餓鬼棚が設けられ、菓子や花や団子などの供え物が並べられます。人々は思い思いにこれらの堂舎を巡拝し、亡くなった縁者の歯骨を奉納し、供物を捧げて回ります。庄内地方で今も行われている「モリ供養」とよばれる風習です。

モリ供養の核心である大施食供養の施餓鬼棚

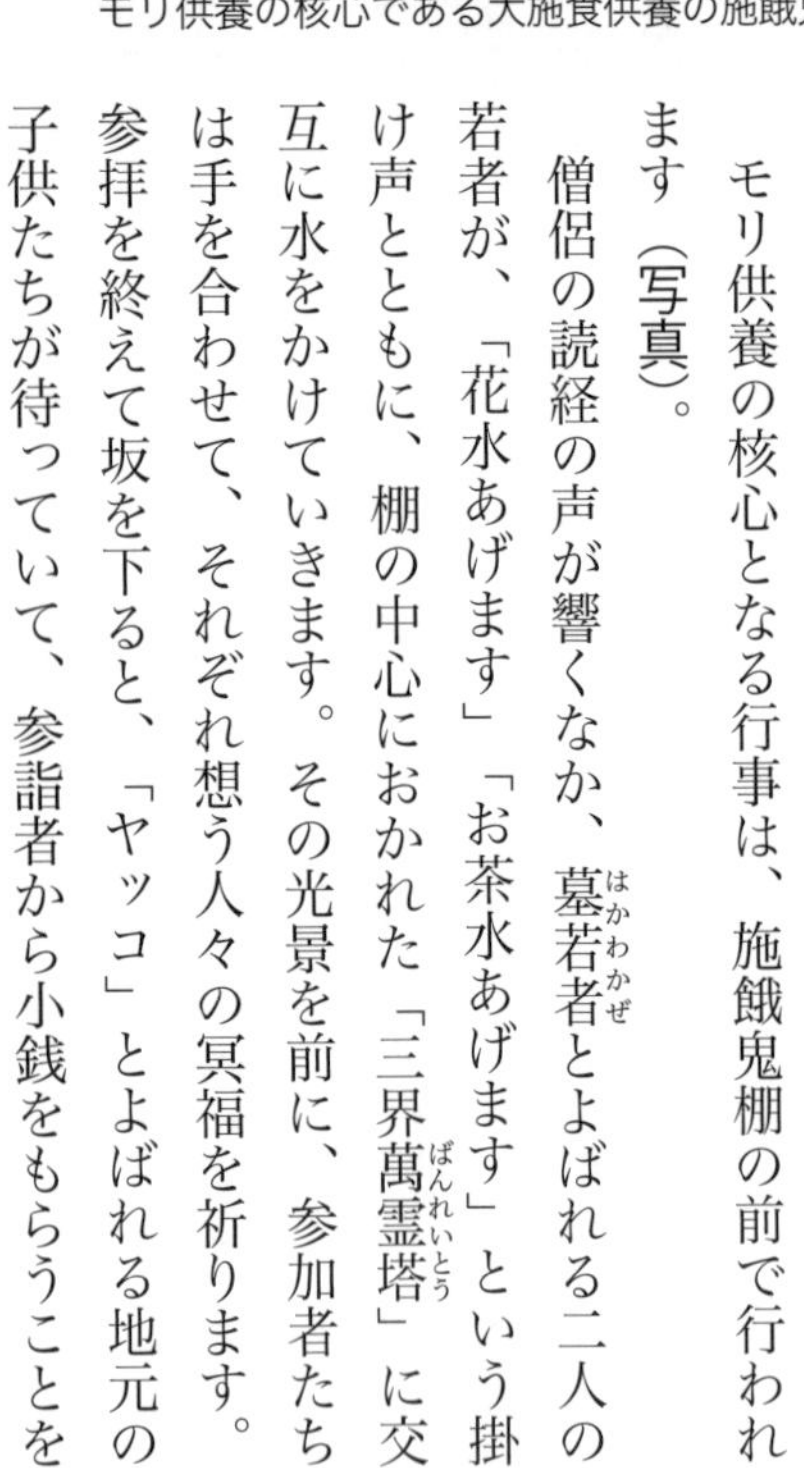

モリ供養の核心となる行事は、施餓鬼棚の前で行われます（写真）。

僧侶の読経の声が響くなか、墓若者（はかわかぜ）とよばれる二人の若者が、「花水あげます」「お茶水あげます」という掛け声とともに、棚の中心におかれた「三界萬霊塔（ばんれいとう）」に交互に水をかけていきます。その光景を前に、参加者たちは手を合わせて、それぞれ想う人々の冥福を祈ります。参拝を終えて坂を下ると、「ヤッコ」とよばれる地元の子供たちが待っていて、参詣者から小銭をもらうことを楽しみにしています。子供たちを餓鬼に見立てて供養のために喜捨するのだ、といわれています。

昔に比べれば山を訪れる人の数はかなり減りました。それでも、これだけの人々が、なぜいまだに三森山に足を運ぶのでしょうか。その目的は、先に逝った親族縁者の供養でした。山上のそれぞれのお堂には麓の寺院から来た僧侶や地元の世話人がいて、塔婆に故人の戒名と命日を書いてもらうことができます。参詣者は身近な物故者の思い出を胸に抱きながらこの山を訪れ、その面影を追って山道を辿り、安らかな後生を願ってさまざまな供養を行うのです。

この山に来ると、故人と似た人物に会えるという言い伝えがあります。実際に亡者の声を聞いた、という話をする人もいます。参加者の誰もが故人の存在を感じたと話してくれます。

晩夏の三森山は二日間だけ、亡くなった人物の霊が籠る山となるのです。そこでは現世と他界を結ぶ扉が開き、生者が死者とじかに触れ合って、故人の実在を感じ取ることができると信じられているのです。

禅寺が修するモリ供養に集う訳

東北地方では、三森山以外にも「森」という字を冠した山が数多く存在します。その山で

「モリ供養」と呼ばれる先祖供養を行う風習を残している地も少なくありません。鶴岡市街を挟み三森山と東西に対称の位置にある白狐山光星寺（びゃっこさんこうしょうじ）（曹洞宗）もモリ供養で知られる寺院です。西のモリと呼ばれる三森山に対し、白狐山は東のモリといわれています（写真）。

８月にモリ供養を行う曹洞宗白狐山光星寺

　毎年、八月二十一日から二十三日にかけて、一年の間に亡くなった新仏の歯骨を携えて人々は光星寺を訪れます。納骨以外でも、親族の供養を目的としてこの地を訪れる人は数多くいます。モリ供養の舞台は寺の裏手の高台にある光明堂です。この堂からは水田の広がる庄内平野を一望することができます。普段は人影のない山上のお堂も、この日は開け放たれて世話役の檀家の人々が来訪者に対応しています。持ち込まれた遺骨は光明堂で供養された後、背後にある納骨堂に納められるのです。

　光星寺は白狐の寺としても有名です。境内の檀信徒会館には白狐殿があり、ご神体の白い狐のミイラが祀られています。参道入り口の両脇には狛犬を思わせる一対の白い狐が鎮座していて、そこを過ぎると赤い鳥居です。釈迦如来を本尊とする本堂はその鳥居を抜けた先にあります。

本堂の脇から裏手の丘に登ると、そこにも堂舎が点在しています。水子の霊を供養するお堂には人形やおもちゃ、靴など、亡くなった子供たちの身の回りの品が納められています。稲荷神社の前には、奉納されたたくさんの朱色の鳥居が連なっています。それらの建物を抜けたもっとも奥まった地が、至高の聖地とされる白狐沢です。

そこからは、山上に向かってさらに急な山道が続いています。登り口には姥様の石像がいて、そこから道に沿って白狐に乗った観音像が並んでいます。白狐観音というこの寺独自の尊像です。観音様に見守られながら坂道を登り詰めれば、先に触れた光明堂のあるモリ供養と納骨の地に辿り着くのです。

モリ供養が行われる背景には、死者の霊魂が村近くの里山に籠るという、古来、庄内地方に伝わる伝承があるといわれています。死者の宿る里山はハヤマとよばれ、モリの山と呼ばれました。三森山という名称はまさにそこからきたものだったのです。

故人と確実に会える約束の場として

私はしばらく前から、機会があれば庄内のモリ供養に足を運んできました。どこのモリも、参詣者は年々少なくなっているようにみえます。先に触れましたが、三森山でも訪れる人の数は確実に減っています。かつては山に登る人々が長蛇の列をなしたといわれていますが、近年は祭礼の日でも閉じたままになっているお堂が目立つようになりました。

常連の登拝者がしだいに高齢化し、登山が困難になってきたという話を聞きました。迎える寺院の側でも集落の過疎化が進み、山上でお堂を開く労力を確保することが難しいという実情があります。他方で、新たに山に登り始める若い人はなかなか目にすることがありません。

死者に会うというと、何か不気味なイメージがありますが、三森山にその暗さは全く存在しません。山上では登ってきた人々があちこちでお弁当を広げ、初秋のやわらかな日差しのなかで、故人の眼差しを感じながら食事をともにしています。亡き人の分だといって、一つ余分に湯呑みを用意してくる方もいます。

この列島上には、そこに行けば確実に故人と会うことができる約束の地が無数に存在します。墓地がその代表ですが、この本で取り上げた岩船山（第14章）などの霊場もそうした場所にほかなりません。モリ供養の山も死者との対面の場です。人々はそこを訪れる日を指折り数えて待ち続け、故人と会うために花と香を用意し、短い旅の支度を整えるのです。

モリの山に加えて、死者が宿ると信じられている場所に、ハヤマがあります。「葉山」「羽山」など当てられる字こそ異なりますが、東北にはハヤマという名称の山がたくさん存在します。これは奥山である本山に対し、その支脈が突き出した先の「端山」にあたることから、そうした呼び名が当てられるようになったといわれます。モリの山と同様に、実在するハヤマはいずれも村に近い里山です。ハヤマの多くに、死者が籠る山という伝承があります。また生と死に関わるさまざまな習俗を残しています。

羽山で行う勇壮な木幡の幡祭り（国の重要無形文化財）

福島県二本松市郊外にある羽山は「木幡の幡祭り」（国指定重要無形民俗文化財）の舞台としてよく知られています。十二月の初め、大勢の人々が大きな幡をもってお山駆けする行事です（上の写真）。このお祭りのメインは、成人を迎えた青年が母親の胎内に見立てた「くぐり岩」を抜け、「生まれたぞ」と叫ぶ擬死再生の儀式です。羽山が生と死の交換の場として認知されているのです。

同じ福島県の福島市松川町金沢では真冬の三日間、女人禁制の「羽山ごもり」が行われます。参加者はそこで未来を告げるハヤマの神のお告げを聞き、村と身内の息災安穏を願います。ハヤマは生と死の境界をなす山であり、それゆえこの世のものではない先祖や神の声を聞くことのできる場所と考えられているのです。

しばらくの間、モリの山やハヤマに留まって親族縁者と交流を続けた死者の霊魂は、清らかな地で子孫からの供養を受けることによって、しだいに聖なる存在へと上昇していきます。死霊から精霊に至るステップを、ゆっくりと登っていくのです。そして魂の浄化が完了すると、より神界に近い高みを目指し、奥山に向けて旅立っていくのです。

庄内地方では、魂が最終的に帰るべき場所は霊峰月山（がっさん）でした。三森山では希望する人に赤い梵天（御幣）が配られますが、これは鳥をイメージしたものといわれています。先祖の霊がこれに乗って月山を目指すのです。直木賞作家の熊谷達也氏の小説に『迎え火の山』がありますが、そこでは月山に住む先祖を招くための迎え火を復活させようと奔走する地元の青年団の活動が描かれています。この作品は、庄内地方の伝承を踏まえて書かれているのです。

人に生と死のストーリーが必要な訳

長期的な視点でみれば、モリ供養のように生者と死者がゆったりと交流する光景はしだいに過去のものとなりつつあります。人口の都市集中と単身世帯の増加に伴って、家や共同体といった枠組みで死者を長期にわたって記憶し供養する体制が解体し、忘却される死者、供養されない死者が大量に生まれています。供養してくれる縁者がないことを理由にした「墓じまい」も、いまでは少しも珍しくありません。死者と生者との関係は個人的なつながりとなり、多くの死者がこの世での定住の地をなくして、縁者が思い起こした時だけ記憶のなかに蘇る存在となりました。

思えば、この世の特定の場所に死者が留まり、子孫と和やかに交流するという現象は江戸時代以降に定着した現象でした。これまでも繰り返し述べたように、中世まで遡れば死者はこの世にいてはならない存在でした。幸福な死者は、此岸を離れて首尾よく彼岸に到達した者たちだったのです。定期的な墓参りや死者供養は、決して古い時代から継承されてきた日本列島の伝統ではありません。生者と死者の関係は、幾度も劇的な変貌を遂げてきたのです。

現代社会で進行する死者供養の個人化もまた社会構造の変化に伴う必然的な現象であり、押しとどめることのできない時の流れです。ただ一つだけ気になるのは、伝統儀礼の衰退に伴って、私たちが長年にわたって共有してきた生と死のストーリーそのものが、急速に説得力を失っているようにみえる点です。

三森山でのモリ供養は、死者のためだけのものではありませんでした。三森山の頂から、麓に広がる伸びやかな田園風景を見るとき、生と死の境は取り払われて、いつしか私たちは死者の眼差しで下界を眺めています。しばし死者と時空を共有した来訪者は、折々に遺族と交流しながら先祖たちとここで俗世の垢を流すのも悪くない、と考えるようになります。そして、山での穏やかな休息を終えて俗世界に舞い戻る、生死の循環に想いを馳せるのです。

こうした生と死をめぐる大きなストーリーを描いたのが、この本でもたびたび名前が出てくる、民俗学の創始者と位置付けられる柳田國男でした。

柳田と並ぶ民俗学の先駆者に折口信夫がいますが、折口もまた生者と死者の交流に関するダイナミックな仮説を提唱した人物でした。日本列島の各地には年始の行事として、棚を設けて歳神をもてなす風習が広く見られます。折口は春に来訪するこの歳神を、先祖の霊魂と解釈するのです（折口信夫「国文学の発生」）。

山形県の三森山から望む庄内の田園風景

植物の種もみがそうであるように、生物が再生する場合は、いったん仮死状態に入って内部にエネルギーを蓄えるというプロセスが不可欠です。人間も生活しているうちに自然にエネルギーが枯渇していくため、動物の冬眠のように定期的に忌籠りの充電期間に入る必要がありました。折口によれば、この「ものいみ」の本質は、パワーをもった外来魂を身体に付着させるための作法でした。冬の間、ものいみ状態にあった人々の魂は年明けとともに訪れる歳神＝外来魂のパワーを身につけ、新たな活力を得て蘇るのです。

折口は、古代において行われた「死と復活」を模した一連の儀式を、今日の正月の行事の源流をなすものと考えました。それは盆と並ぶ、生者と死者との大規模な交歓の場でした。秋田のナマハゲをはじめ、民間には春とともに訪れる神や鬼についての伝承や、その到来を再現する儀式が多く見られます。それらも、祖先の来訪を擬したものだったのです。

冬至が過ぎてしだいに日が長くなり始めるころ、祖先たちは活動を再開して山から子孫の元を訪れ、その魂に生気を吹き込みます。生者たちもそれを歳神の来訪と捉えて歓待し、新年を迎えての新たな生活の節目としました。そこには冥顕の境界を超えた、生者と死者の交流をめぐる豊かな物語があります。

この地球上に死後の世界を想定しない民族はいまだかつて存在しませんでした。例外はありません。そこから導き出される結論は一つ、生者は死者を必要としているのです。人生のストーリーは死後の世界と死者たちを組み込むことによって完結し、その時初めて私たちは心に深い安堵を得ることができるのです。

故人と会えなくなる社会でいいのか

生者と死者の交流の場とそれを支えてきた死生観が、いま、しだいにこの社会から姿を消しているように見えます。生者の世界と死者の世界は分断され遮蔽されて、死者は闇の国の住民になりました。死はひたすら忌避すべき未知の領域と化し、死にゆく者を一分一秒でも長くこちら側に引き止めることが現代医療の目的となりました。

かつて人々は死後も縁者と長い交流を継続しました。死者が彼岸に飛び立つと信じられていた中世でも、故人の救済を願って長期間にわたるさまざまな供養が営まれ、その冥福が祈られました。それは浄土であれ此土であれ、いつか冥界で先に逝った親しい人々と再会できるという期待に裏打ちされた行為でした。それはまた、自分も死後には子孫の行く末を見守り、折々に懐かしい家に帰ってくつろぐことができるという感覚の共有にほかなりませんでした。

死後も親族縁者と交歓できるという安心感が社会のすみずみまで行き渡ることによって、人は死の恐怖を乗り越えることが可能となりました。そこでは死はすべての終焉ではなく、再生に向けての休息であり、生者と死者との新しい関係の始まりでした。死は誰もが経験しなければならない自然の摂理であることを、日々の生活のなかで長い時間をかけて死者と付き合うことで、人々は当たり前のこととして受け入れていったのです。

しかし、死者との日常的な交流を失った現代社会では、人間の生はこの世だけで完結するものとなりました。冥界は誰も足を踏み入れたことのない闇の世界と化しました。ひとたび死の世界に踏み込んでしまえば、二度とわが家に帰ることはできません。親しい人、愛する人にも、もはや会うことは叶わないのです。

日本ではお盆の死者供養の際に、先祖を迎える精霊棚に加えて、祀り手のいない無縁仏を供養するため庭に小さな餓鬼棚を設ける風習が広く行われていました。

死生観の変化は時代の流れであり、安易に善し悪しを判断すべき問題ではありません。しかし、時代がどのように変わっても、餓鬼棚にそっと水を手向けるような心遣いを大切にしていきたいと思っています。

死者に居心地のよい社会は、きっと生者にも優しい社会となることでしょう。東北のモリの山でいまも続く生者と死者の交歓の儀式は、そのことを私たちに気づかせてくれるのです。

18

あの世に救済者としていたはずの仏の姿が消え始めたのはなぜか

西来院　岩手県遠野市

供養絵額に描かれた死者たち

岩手県の遠野市は、カッパや幽霊や狼の登場する柳田國男の『遠野物語』の舞台となった地です。花巻と釜石をつなぐ釜石線は、東北新幹線との乗り継ぎ駅である新花巻駅を過ぎるとしだいに沿線の人家がまばらとなり、山あいを走る渓谷の路線となります。今回の訪問先である西来院（せいらいいん）（曹洞宗）の最寄りの駅は、観光スポットとして有名な宮守のめがね橋を渡った先の鱒沢（ますざわ）です。めがね橋は半円が五つ連なるアーチ橋で、ライトアップされた幻想的な光景は、宮澤賢治の『銀河鉄道の夜』を思い起こさせます。

西来院は鱒沢で列車を降り、大船渡に向かう国道一〇七号線をしばらく進んだ所にあります。

岩手県遠野市にある西来院に納められた故人を慈しむ供養絵額

鱒沢の集落を抜けて釜石自動車道の高架を潜ると、道は程なくなだらかな登り坂になります。まっすぐに続く道の両側には、手入れの行き届いた田畠や採草地が広がっています。西来院はそうした北の農村の佇まいに違和感なく溶け込んだ、典型的な村落寺院です。

この寺には、幕末から大正時代にかけて奉納された「供養絵額」とよばれる三十枚ほどの絵が伝えられています。本堂の長押（なげし）の上に据えられた横一メートル、縦六十センチほどの絵額には、周辺の村人たちの日常生活を思わせる光景が描かれています。

ここにお示しした絵（上の写真）には六人の人物がいます。右側には一組の老夫婦が座っています。その向かいには二人の女性がいて、右側の女性は徳利（とっくり）を手に持ってお酌をしようとしています。振り返った後ろには、いずめこ（飯詰籠・子供を入れておくための藁で編んだかご）に入った乳児がいます。針仕事をしていた年配の女性も、一休みしてお相伴に預かろうと杯をかかげています。

卓上の大皿にはご馳走が盛られ、床に置かれた木鉢は果物で溢れています。室内の二つの火鉢では炭が赤く燃え、その上に鉄瓶がかけられています。背後には立派な茶箪笥が置かれ、襖には馬の産地である遠野らしく、勇壮な五頭の馬の姿が描かれています。なにか特別な日なのでしょうか、全員がよそ行きの着物に身を包んでいます。これが、老人の喜寿を祝う宴の様子を描いたものといわれても全く違和感はありません。しかし、ここに登場する人物は、絵が作成された時点で、すでにこの世に存在しない人々だったのです。

右奥の床の間の掛け軸に記された戒名と没年がそのことを示しています。忌日は明治の後期に集中しています。この絵額が奉納された一九一六（大正五）年にはすべての人が鬼籍に入っていました。ここに描かれているのは、時を隔てて亡くなった親族縁者が死亡した時の姿のまま冥界で再会し、楽しく語り合っている様子なのです。

供養絵額にはさまざまなバリエーションがありました。次の絵には、晴れ着に身を包んだ女性と男児がいます（次頁の写真）。女性は針仕事をしながら子供の様子をうかがっています。子供も女性を見ています。床にはいくつもの玩具が置かれ、お茶やお菓子が用意されています。

いまは亡き親子の日常を偲んで描かれた西来院の供養絵額

ここに描かれている光景は、どうみても母と子の日常の一シーンです。

絵の中の掛け軸を見ると、子供は一八六五（元治二）年に二歳で亡くなったことが分かります。女性の没年は一八八二（明治十五）年、享年三十六歳でした。もしこれが本当の親子であるとすれば、子供が亡くなったのは母が十九歳のときでした。女性の年齢から考えて最初の子だったのでしょう。彼女はその後十七年生きましたが、それでも早すぎる死でした。若くしてこの世を去った女性を悼んだ遺族たちは、彼女の供養のために生前の姿を描いた絵額を奉納することにしました。

その際、一人で冥界に赴くこの女性の寂しさを少しでも紛らわせるために、先に亡くなった男児を描き加えることにしました。遠い昔に心ならずも離れ離れになってしまった母と子は、二度と離別を強いられることはありません。二人はこの絵額の中で、心ゆくまで水入らずの生活を楽しんでいるのです。

幸せな死者との再会を願うために

西来院に納められたこれらの供養絵額は、いずれも故人の冥界での生活ぶりを描いたものでした。岩手県では遠野地方を中心に、西来院以外にもたくさんの供養絵額が残されています。そこに見られるのは、満ち足りた表情をした幸せな死者たちの姿です。絵額には、故人が願っても生前には実現できなかった光景が描き込まれています。

先ほどご紹介した遊ぶ幼児の姿とそれを見守る母の姿は、供養絵額によく見られる構図です。次の絵（次頁の写真）も、母と子です。母親はキセルを手にしています。裕福な家らしく座敷の調度は上品で、二人とも綺麗な着物に身を包んでいます。けれども、決しておとぎの国の光景ではありません。供養絵額の常ですが、現実とつながっていながらも、そこからほんの少しだけ浮上した様子が描かれているのです。

この絵で注目されるのは、書かれた戒名が一人分しかないことです。明治九年に亡くなった子の名前はあっても、一緒にいる母親の名は書かれていません。よく見ると、戒名の上に「為」という字がありますが、戒名はその左下に書かれていて、戒名の右のスペースが空白となっています。字配りとしては決してバランスがいいとはいえません。この絵は、子供の名前の右側にもう一人の名が入ることを前提として制作されているのです。

そこに入る名前は誰のものでしょうか。母親以外のものは考えられません。この供養絵額は幼くして亡くなった子を供養するために作られました。子があの世でなに一つ不自由することなく、生き生きと生活している様子が描かれました。しかし、いかに物質的に満ち足りていても、見知らぬ世界での一人の生活は淋しいに違いありません。そこで絵額の依頼者はそこに、心ならずも引き裂かれてしまった母親の姿を描き加えることにしました。この決断は、まだこの世にいる母も承知の上でのものでした。たとえ、いっとき離れて暮らすことになっても、親子の絆は決して切れることはないのです。やがて年を経て母がこの世界を去ったとき、二人は今度はあの世でいつまでも幸せな生活を送るのです。空いた戒名のスペースはその時のためのものでした。

早逝した子供を供養する母親のために描かれた供養絵額

もう一つの絵には三人の子供たちが描かれています。年齢差を考えると兄弟なのでしょうか。この絵も書かれた戒名は一名分しかありません。中央にいる「俗名　賢次郎」と書かれた子が供養の対象です。あとの二人は実在する兄弟かもしれませんし、空想で付け加えられた人物かもしれません。いずれにせよ、あの世でこの子が孤独感に襲われないですむように、三人の子供たちの遊ぶ賑やかな絵に仕上げられたのです。

ここに紹介したもの以外にも、供養絵額にはたくさんのバリエーションがあります。軍服を着けて正装した西南戦争の戦死者の姿があります。猫と戯れる少女がいます。真面目な表情で帳簿を付けている商人がいます。誰もが生前と全く変わらない生活を送っています。絵のなかに広がっている世界は、あたかもこの世を映した鏡のようです。

絵額を奉納した遺族は折々にお寺を訪れては、故人が懐かしい人々と再会して、幸福な時間を満喫している様子を確認しました。そして、いずれは自身もその幸せな人々の輪に加わることに思いをいたしながら、しばし死者たちとの穏やかな時間を共有したのです。

あの世を描いた供養絵に仏がいない

皆様はこの供養絵額をご覧になって、どのような感想を持たれたでしょうか。私がこの絵を最初に見せていただいたとき、ある違和感を感じました。そのときは、理由が分かりませんでしたが、しばらく考えてその原因に気がつきました。お寺に奉納されているにも関わらず、供養絵額にはどこにも仏の姿がないのです。死後の世界でありながら、そこに広がっている光景は俗世界そのものでした。宗教的な要素は全くありません。この絵に再現された冥界では、亡くなった人が生前そのままの姿で暮らしを営んでいるのです。

いま遠野の供養絵額をご紹介しましたが、故人の死後の様子を描いて寺堂に奉納する行為は、遠野地方だけでなく東北一円に広く見られる風習です。山形県内陸の村山地方では、若くして亡くなった男女の架空の婚礼姿を寺に納める「ムカサリ絵馬」という習俗が行われています。天童市にある若松寺（じゃくしょうじ）（天台宗）では、ムカサリ絵馬の奉納が現在でも続けられています。

若松寺は、行基開闢（かいびゃく）伝説をもつ古寺です。国の重要文化財に指定されている本堂（観音堂）は室町時代の創建で、鎌倉時代の立派な懸仏（かけぼとけ）（国の重要文化財）や一五六三（永禄六）年に奉納された「板絵著色神馬図（いたえちゃくしょくしんめず）」（国の重要文化財）が収められています。

山寺立石寺と山を挟んで背中合わせの位置関係にある若松寺は眺望の寺です。険しい山の中腹にある境内から西の方角を望めば、開けた渓谷の先には天童市街の風景が広がり、視線を上げれば盆地の彼方に月山や朝日連峰の山々の連なりが目に飛び込んできます。桜の花が咲き、

山形県天童市若松寺にある婚礼の図を描いたムカサリ絵馬

木々が芽吹き出す春先には、山の残雪が陽光に照り映える殊に素晴らしい光景を堪能することができます。

上の写真は、この若松寺にある一八九八（明治三十一）年制作の絵馬です。絵の上座に、髪を短くした色白の新郎が座っています。ほおをあからめた初々しい様子で、若干緊張している様子が読み取れます。彼と向かい合うように、婚礼衣装に身を包んだ新婦の姿があります。その表情は綿帽子に隠れて読み取ることができません。媒酌人と親族でしょうか、二人を囲むように、正装した五人の男女が描かれています。みな個性的な表情に描き分けられています。偏屈そうな表情をした男性や、白粉を厚く塗った女性の姿は特に印象的です。

このうち、新郎はかつてこの世に実在した人物です。彼は何らかの原因で、若くして命を落とすことになりました。遺族たちは、一人前の証とみなされていた結婚式を挙げることなく亡くなったこの青年を憐れみ、架空の式の様子を描いて奉納しました。彼はこの絵が奉納されて以来ほぼ百年もの間、親族たちの祝福を受けながら、実人生では経験することのできなかった至福の時間のなかに身を浸し続けているのです。

冥界での結婚式を再現するこのムカサリ絵馬でも、宗教的な要素は皆無です。絵馬のなかに広がっている世界は、この世と全く同じ光景なのです。

中世以来の他界浄土観の後退

供養絵額やムカサリ絵馬に描かれた死後の世界には、なぜ救済者の姿がないのでしょうか。一つの解答が考えられます。「日本では遠い昔から、死後の世界には神も仏もいなかった」というものです。しかし、この説に対しては、すぐに反証を挙げることができます。

奈良の當麻寺（たいまでら）には、中将姫という女性が蓮の糸で織ったという伝説のある當麻曼荼羅が伝えられています。これは奈良時代の作品ですが、鎌倉時代にはこの曼荼羅を真似たものがたくさん作られます。古代から中世にかけて生きた人々が思い描いている仏の世界、死後に人々が行きたいと願う理想の浄土のイメージがここに表現されているのです。

當麻曼荼羅では、中央に立派な阿弥陀仏が鎮座しています。仏の周囲には脇侍がいます。絵画全体が仏教の世界観で満たされています。ここに表現されているのは、伝統的な浄土の表象にほかなりません。これが中世まで日本人が抱いていた死後世界の一般的なイメージでした。当時の人々にとっては、死んだ後に浄土にいる仏の御許(みもと)に行くことが理想だったのです。

中世はたくさんの来迎図が制作された時代でもありました。死後の浄土往生を願う人々のところに、あの世の仏の使いである化仏や二十五菩薩が蓮華座を捧げて来訪し、行者を乗せて浄土に連れ去る様子が描かれるのです。そこでは人々を救済する主役はあくまで仏・菩薩であり、その向かう先も本仏のいる浄土にほかなりませんでした。中世まで遡ったとき、このように死後の世界の中心には圧倒的な存在感を持った仏がいました。ところが、供養絵額やムカサリ絵馬になると、そこから仏の姿が消え去ってしまいます。宗教的な要素が消滅し、あの世が完全に世俗化するのです。

この大きな転換は、いつどのようにして起こったのでしょうか。これまでの記述を思い返してください。宇宙の根源には、私たちには見えない神や仏のいる真実の世界が実在している。私たちは仮の住まいにしか過ぎない現世に執着することをやめて、できるだけ早くそちらに移行しなければならない。浄土におわします仏の御許で修行を重ねて、悟りの境地に到達することが人生の究極の目標なのだ――こうした世界観が中世まで遡ったとき、人々の共通認識となっていたのです。

しかし、現世を仮の世とみる世界観は、十五世紀から十六世紀を転換点として百八十度変化します。人々が遠い浄土のリアリティを共有できない時代が到来するのです。その結果、江戸時代には死者は遠くに飛び立つことをやめて、いつまでも懐かしいこの世界に留まるようになるのです。

死後世界図から仏の姿が消えた訳

中世——近世の転換期に起きた世界観の変容を示す例をご紹介しましょう。二〇一七年三月のお彼岸のころ、私は京都の東山にある西福寺（浄土宗）で、「熊野観心十界図」を拝観させていただきました。畳一畳を超える巨大な掛け軸形式の曼荼羅です。このタイプの絵画は熊野比丘尼とよばれる女性の宗教者が携えて各地を回り、絵解きを行ったことで知られています。江戸時代に制作された作品が、秋田市の宝性寺（高野山真言宗）をはじめ東北地方に数多く現存します（次頁の写真）。

この絵は上半分にアーチ型の「山坂」が描かれます。そこでは、右端の坂元の幼児が次第に成長を遂げながら頂点において社会的な栄達をきわめ、やがて坂を下るにしたがって白髪になって腰が曲がっていく様子が描かれています。これは誕生から死までの、人生の上り坂と下り坂を表現したものです。背景の木も、坂の上り口は若木です。新緑の木が描かれたり、桜の花が描かれたりしています。頂上は常緑樹です。下り坂になるとしだいに色づいて、最後は雪をいただく枯れ木になってしまいます。

秋田県宝性寺蔵「熊野観心十界曼荼羅図」（東北歴史博物館『熊野信仰と東北』展図録）は他界浄土の描写ではない

人生の出発点と終着点を示すかのように、坂の両端にはそれぞれ子供の出産と墓地の光景が配置されています。中央には「心」という一字が置かれ、その上方には阿弥陀仏と聖衆が、下方には地獄などの悪道で責め苦を受けている多数の衆生が描かれています。

ここでは人は、この世において生と死のサイクルを繰り返しているだけで、どこか別の世界に行ってしまうことはありません。欣求の対象である浄土も厭うべき地獄もこの世の内部にあります。理想の人生は未知の彼岸世界に往生することではありません。現世での満ち足りた一生を終えた後、再び生まれ変わってこの世に生を享けることでした。死は生者の世界に復帰するまでのしばしの休養の時間だったのです。

仏はもはや人を他界に誘うことはありません。生死を超えた悟りへと導くこともありません。厳密にいえば、この絵には仏が描かれていても仏界や浄土は存在しないのです。仏の任務は、人間が生死どちらの世界においても平穏な生活を送ることができるよう見守り続けることでした。衆生が道を誤って地獄・餓鬼・畜生・修羅などの悪道に堕ちることを防ぎ、万一転落した場合は手を差し伸べてそこから救い出すことでした。たとえ恐怖や苦難と背中合わせであっても、なじみのこの世界に再生することが人々の願いでした。そして、それを実現するもっとも重要な要因が「心」のあり方だったのです。

浄土の存在感が希薄化していく背景には、人々が他界浄土のリアリティを共有できず、浄土往生を真剣に願うこともなくなった近世固有の世界観が存在しました。この世での生活を目いっぱい楽しもうとする江戸時代の現世主義の風潮がありました。地獄をはじめとする悪道への転落防止は、悟りへの障害になるからではなく、冥界での穏やかな休息を妨げ、人としての再生を困難にするものであるからこそ避けるべき最重要の課題と考えられました。「十界図」には畜生道に堕ちて、犬・猫・牛などに生まれ変わった姿が描かれています。266頁の写真にも動物になった人間がいます。当時の人々にとっては、人間から人間へのサイクルを踏み外すことこそが最大の恐怖だったのです。

いかに彼岸の現世化が進んだとはいえ、檀家制度が機能し仏教が圧倒的な影響力をもっていた江戸時代には、死者は仏がいて蓮の花咲く浄土で最終的な解脱を目指して修行しているという中世以来のイメージが、完全に消え去ることはありませんでした。実際に地獄絵とセットとなった、浄土の様子を描いた江戸時代の絵画も数多く残されています。

しかし、幕末に向かうにつれて他界としての浄土のイメージがさらに希薄化してくると、死後世界の表象そのものが大きく変化します。死後の命運を司る仏の存在がさらに後景化し、ついには死後の世界から仏の姿が消え去るのです。

死者は美しい衣装を身にまとい、この世の延長である冥界で、親族縁者とともに衣食住に満ち足りた生活を満喫するようになります。一見古風な様相をまとう遠野の供養絵額や山形のムカサリ絵馬は、こうした死後世界の変容の果てに、近代になって誕生した新たな風習だったのです。

19

地蔵堂が他界浄土の場ではなく現世を濃厚に感じさせたのはなぜか

川倉地蔵尊　青森県五所川原市

死者の遺品を身に着ける地蔵菩薩たち

津軽の金木（かなぎ）は、『斜陽』や『走れメロス』などの作品を残した作家の太宰治の生家、斜陽館のある町です。いまは青森県五所川原（ごしょがわら）市に併合されて五所川原市金木町となっています。

この金木にある川倉（かわくら）地蔵尊（天台宗）は、海峡を隔てた下北半島の恐山（おそれざん）と並ぶ北東北の二大霊場として知られています。もはやその姿を見かけることはありませんが、旧暦の六月二十二日から二十四日にかけて行われる例大祭の折には、恐山と同じくイタコとよばれる女性の霊媒師たちが大勢集まった場所でした。人々はこの地を訪れては、イタコの口を借りて発せられる遠い冥界からのメッセージに耳を傾けたのです。

鉄道を利用する場合には、五所川原を出た津軽鉄道が金木の次に停まる「芦野(あしの)公園」が川倉地蔵尊の最寄りの駅となります。地蔵堂は桜の名所でもある芦野湖を回り込むようにして二キロほど歩いた先の、なだらかな丘の上にあります。遠く南西の方角に岩木山を望むことのできる景勝の地です。

津軽金木の川倉地蔵尊。山門に「賽乃河原」とある

境内の入り口に立つ山門は木製の鳥居です。明神鳥居の上に合掌型をした三角形の木組みを載せた「山王鳥居」とよばれるタイプのものです（上の写真）。

第17章でご紹介した山形県鶴岡市の光星寺がそうでしたが、東北では鳥居をくぐって参詣するタイプの霊場は珍しくありません。山門の上部正面に掲げられた扁額には、「川倉山」という山号が記されています。その左右の側柱に沿って小さなお堂が設けられ、一対の仁王像が鎮座しています。

境内の中心を占めるのは、この寺の名称の由来となった地蔵尊を祀る地蔵堂です。立派な唐破風のついたお堂に一歩足を踏み入れると、空気の質が一変したことを肌で感じます。正面に安置されているのは本尊である等身大の地蔵菩薩立像です。左右に五体の地蔵尊を従えて屹立しています。どのお地蔵様も錦繍のきらびやかな僧衣を身にまとっています。その前には奉納されたたくさんの生花や風車が置かれています。

観覧席状に安置される化粧を施した夥しい数のお地蔵さん

地蔵堂はこれで終わりではありません。お堂は奥行きのある建物で、六地蔵の背後には体育館を思わせるような広大な空間が広がっています。地蔵尊の脇を通ってそこに入り込むと、江戸時代から死者を慰めるために奉納され続けてきた、総数二千ともいわれる膨大な数の石の地蔵が目に飛び込んできます。

お堂の側壁に沿って、サッカースタジアムの観覧席のような傾斜を利用した座席が設けられ、そこにお地蔵様がぎっしりと並んでいます。あたかも試合を観戦するサポーターのようです。どの地蔵も死者の遺品である着物を身につけ、お化粧が施されています（上の写真）。壁には遺影が飾られ、広い堂内のここかしこに衣服、ネクタイ、ランドセル、靴などの大量の遺品が吊り下げられ、積み置かれています。水子を供養するために納められた、ひと群れの色鮮やかな風車もあります。

私が最初にこのお堂を訪れたときには、どうしてもカメラのシャッターを押せませんでした。それほどまでに、堂内は重い空気に満ち溢れているのです。

東北に住む人々の苦難の中で

二〇一一年三月十一日の東日本大震災や二〇一九年秋の水害に見られるように、東北はこれまで何度も巨大な災害に見舞われてきました。その代表が飢饉です。人命に及ぶ飢饉の被害は昭和の初めまで続きました。飢餓との戦いは、東北に住む人々が負わされた宿命でした。

飢饉は繰り返し起こりました。人々は知恵を絞り、その襲来に備えました。一年だけの不作なら、持ちこたえる準備も整っていました。しかし、江戸の四大飢饉といわれるような数十年に一度の大飢饉となると、もはや人力の及ぶところではありませんでした。

東北の飢饉は冷害から始まりました。十八世紀後半の天明の大飢饉のときには、これに浅間山の噴火が加わりました。噴煙が天を覆い、火山灰は雪のごとく降り積もりました。寒波と空を覆う噴煙の影響が重なり、記録的な冷夏が続きます。収穫は激減し、北東北では餓死者が相次ぎました。食糧不足は生き残った者たちの体力を容赦なく奪い取りました。健康な体であれば心配する必要のない感染症も、かろうじて命を繋いでいるような身体ではもはや防ぐことは不可能でした。飢饉に襲われた地域では、必ずといってよいほど疫病の流行が伴いました。

天明の飢饉によって、八戸藩では数年のうちに人口が半減したといわれています。一七八五（天明五）年に津軽を訪れた菅江真澄は、この飢饉の爪痕を《村の小道を分け入るようにしてきてみると、むら消えの雪のように草むらに白骨が散乱し、所によっては骨が山のようにうず高く積み上げられている》（『そとがはまかぜ』）と記述しています。犠牲者の遺骨が、処理されることのないまま野ざらしになっていたのです。

人はただ生きるために、あらゆる努力を傾けました。口にできるものは、野草から樹木の皮まですべてを食べ尽くしました。身近な動物たちで真っ先に犠牲となったのは、家畜でした。犬馬や牛は農耕に欠かせない大切な存在でしたが、人の命に替えることはできませんでした。犬猫までが食料となりました。やむをえず、人肉に手を出した人々もいました。

その一方で、口減らしのために、弱者の淘汰が行われました。奉公という名目で少女たちが売られていきました。下働きの仕事ならまだましです。多くの女性が生きるために苦界に身を落とさざるをえなかったのです。淘汰の波は老人にも及びました。信州や岩手など東日本の各地には、数々の姥捨て伝説が残っています。岩手県の遠野には、六十を過ぎた老人が追いやられたという伝承を残す地（ダンノハナ）がいまも残っています。

間引きの絵馬が祀られたのはなぜか

姥捨て行為がほんとうにあったかどうかは定かではありません。しかし、確実に行われた人減らしの行為もありました。「間引き」といわれる赤子殺しです。柳田國男はその著書『故郷七十年』で、幼少の時分に《産褥（さんじょく）の女が鉢巻を締めて生まれたばかりの嬰児を抑へつけているといふ悲惨な》絵馬を目撃したことを記しています（次頁の写真）。柳田が「利根川べり」で見たというこの絵馬は、現在も茨城県利根町にある徳満寺（真言宗豊山派）にあります。

柳田が子供だった明治の前半には、東日本にはまだ間引きの風習が色濃く残っていました。赤子殺しの絵馬は、その残虐さを認識させて間引きを止めさせるために制作されたものでした。飢饉がもたらすこうした惨劇を目の当たりにして生まれた、「飢饉を撲滅しなければならないという気持ち」が自分の学問の原点にあったことを、柳田はこの本のなかで述懐しています。

領主の出すたび重なる間引き禁止令にも関わらず、庶民の世界で間引きがなくなることはありませんでした。食料の生産量が人口に追いつかない時代には、一人の人間を生かすために誰かが犠牲になることを求められました。二つの命のうちどちらを残すか、そうした究極の選択を繰り返し迫られるような時代が、この列島上には長く存在しました。生命の襷（たすき）を次の世代につなぐために、重い試練に堪え、絶望の念を臓腑（ぞうふ）に刻みつけて、東北の人々は苦難の人生を生き抜いてきたのです。

柳田國男も目撃したと書いている間引きの赤子殺しの残酷なシーンを描いた絵馬（利根町ホームページより）

かつて津軽では、子供が死亡するとその子に似せた石の地蔵尊を彫り、寺に納めるという習俗が行われていました。川倉地蔵堂に並ぶ膨大な数の地蔵像は、江戸時代以来の悲しい歴史を背負っているのです。津軽は冷害の常襲地帯でした。飢饉になれば弱者が真っ先に犠牲になりました。その代表が子供でした。

運よく「間引き」を免れた子供も、大飢饉の魔手から逃れることはできませんでした。天変地異の前には、親もなすすべがありませんでした。たとえ飢饉に見舞われなくても、医療水準がいまよりも遥かに低かった江戸時代では、数多くの子供が病気で命を落としました。

前にご紹介した遠野の供養絵額にも、あの世で幸せな人生を送る子供たちの姿が数多く描かれていました。子供が無事に大人になるということがとても幸運な時代だったのです。

子を失った父や母は、子供たちの在りし日の晴れやかな表情を思い浮かべては、その記憶を目の前の地蔵菩薩の姿に重ねました。おだやかな表情には、二度と病気や飢えで苦しむことのないようにという深い祈りが込められました。折々に寺を訪れた親たちは、地蔵に語りかけながら丁寧な化粧を施して服を着せ替えました。こうして生まれ変わった死者は、生き残った者たちとの交流を重ね人生をともにしていくのです。

花婿花嫁の人形が語る故人の実在

川倉地蔵堂の境内にはもう一つ、人形堂とよばれる大きな建物があります。こちらも入り口を守護しているのは二体の地蔵菩薩です。お堂に足を踏み入れてみると、思いの外に深い奥行きがあることが分かります。海の底のように見える薄暗い堂内には、通路に沿って両側に四段の棚が設えられ、そこに人形を収めたガラスケースが延々と連なっています。全部でいくつあるのか、数え切れないほどの量です（左の写真）。

ケースの中の人形は花嫁と花婿がセットになったものが一番多く見られますが、花嫁人形だけのものも珍しくありません。これらの人形は、結婚しないまま若くして亡くなった男性を供養する目的で奉納されたものでした。ここでは花婿人形が故人に見立てられているのです。それらに混じって、単独の花婿人形もちらほら見受けられます。こちらは独身のまま亡くなった女性を慰めるために納められたものでした。

川倉の人形堂に安置された花嫁人形

花嫁人形とともに、死亡した男性の写真が同じガラスケースに飾られているものがあります。それぞれの花嫁人形には、あたかも実在する人物であるかのように一体ごとに名前が付けられています。

私はお盆の時期に一度ここを訪れたことがあります。大祭のときとは違って、堂内は人影もなくひっそりとしていました。一人の老齢の婦人が、かすれるような声でお経を唱えていました。どちらから話しかけるでもなく立ち話となり、むかし息子を水の事故で亡くし、以後毎年欠かさずお参りしていると語ってくれました。

幼くして亡くなった子供が、生きていればそろそろ結婚適齢期だと考えて、奉納することを決めたという親がいます。人形の入ったケースのなかに、子供用の玩具とタバコ・缶ビールが一緒に納められているものがあります。きっと冥界で成人の歳を迎えたのでしょう。

あの世で子供をもうけて幸せな家庭を築いていることを示すために、花嫁花婿の足元に子供の人形が置かれているものもあります。地蔵堂と同じく、ここでも死者は決して死んではいません。残された者たちとともに人生を過ごし、喜怒哀楽の思いを分かち合いながら一つずつ年齢を重ねているのです。

川倉地蔵堂の境内に満ちているのは濃厚な死の臭いです。いたるところに時空の裂け目があり、そこから彼岸が顔を覗かせています。しかし、亀裂の先に垣間見える死者の国は、私たち現代人が思い描くような未知の暗黒世界ではありません。手を伸ばせば死者と指先が触れ合い、声を掛ければ死者たちが応えてくれるようなごく身近な場所でした。ここ津軽の地では生者と死者は互いに見守りあい、安否を気にかけながら、長い交流を続けていくのです。

江戸期の儒学ブームが続かなかった訳

これまで取り上げてきた供養絵額・ムカサリ絵馬・モリ供養と同様、川倉地蔵尊で行われてきた花嫁人形と地蔵像の奉納も、死者が身近な場所に留まるという世界観を前提にするものでした。死者が遠い浄土に飛び去るという中世のイメージに代わって、こうした現世一元主義的な世界観が主流になるのが江戸時代であったことは、すでに繰り返して述べてきた通りです。

不可視の浄土の実在を信じる中世的なコスモロジーから、五感で認識できる世界がすべてと考える近世的なそれへの転換は、新しい思想・宗教の導入や権力者の命令によって一気に上から進められるようなものではありませんでした。数百年の時間をかけて、個々人の意識のもっとも根底のレベルで徐々に進行していったものと私は考えています。

よく幕府や各藩で導入される儒学が現世肯定の思潮を作り出したという説明がなされますが、因果関係はむしろ逆で、現世一元論的な方向に向かって動き出したコスモロジーに対応する形で、それに適合的な生の哲学としての儒学がクローズアップされていったのではないでしょうか。

江戸時代に入って一躍、時代の寵児となった儒学ですが、死生観に関して一つ大きな問題を抱えていました。当時の大方の日本人が納得できるような死後世界のイメージを提示できなかったことです。儒学では、人間の体は、宇宙を構成する「気」が集まって構成されていると説明されていました。死ぬとその気はしだいに離散してしまうため、やがてその人物の痕跡は完全に消滅してしまうのです。死後も霊魂は残りますが、遠からずして先祖の霊の集合体と一体化するため、特定の人物が単独で長く祀られることはありませんでした。

容易に想像できる通り、こうした世界観は一部の知識人に受け入れられることはあっても、大衆に広く受容されることは不可能でした。江戸時代の人々には、死者の個性が失われてしまうという儒学の教説はあまりにもドライに感じられたのです。それよりも、生前の面影を残した故人が身近に留まって、親族縁者と長く交流を続けるという仏教者の説法の方が、遥かに心に安らぎをもたらすものだったのです。

やがて儒学者たちもこの致命的な弱点に気づき、死者との交流を肯定する方向に教理の修正を図ります。しかし、仏教が圧倒的に大きな影響力をもっている社会状況のなかで、結局習俗のレベルで大衆の葬送文化に入り込むことはできなかったのです。

平田篤胤が描いた幽冥の世界とは何か

江戸時代に花開く現世中心主義に対応する体系的な死生観は、儒学ではなく、日本のよき伝統を継承すべきことを主張する国学の系譜から生み出されました。なかでも大きな役割を果たしたのが幕末の思想家、平田篤胤でした。本居宣長の弟子を自任していた篤胤は、鬼神や死者の住む異界に対して強い関心を示しました。彼が校訂した『稲生物怪録』（一七四九年）という書物には、広島県三次市に住む稲生武太夫という若い武士が襲い来るさまざまな怪異と戦う様子が、絵入りで詳しく記されています（写真）。

平田篤胤校訂『稲生物怪録』に描かれている怪異と戦う武士（谷川健一編『稲生物怪録絵巻』小学館より）

　篤胤は死後の世界として、大国主神が支配する「幽冥」界を想定します。幽冥は極楽浄土のような遠い場所にあるのではなく、私たちのいるこの世（顕世、うつしよ）と重なるように存在しているのです。この世から幽冥界は認知できなくても、暗い場所から明るいところはよく見えるように、あちら側からこの世はよく見えるのだ、と篤胤は二つの世界の関係を説明しています。

　死後の魂の行き先である幽冥界は大国主神の支配する地ですが、宗教色はきわめて薄く、この世の延長のようなところでした。篤胤は『霊の真柱』という著作のなかで幽冥界のことを詳しく説明していますが、その末尾で自身の死後のあり方について述べています。篤胤は自分も死んだら幽冥に行くものと考えていました。そこには先に逝った篤胤の妻も住んでいて、篤胤を迎えてくれるのです。篤胤は貧しい自分に尽くしてくれた生前の妻の姿を思い返しながら、あの世で二人して宣長のもとを訪れ、みんなで四季折々の景色を楽しんでみたいと述べています。篤胤にとって冥界とは懐かしい人々と再会し、心ゆくまで交流を深めることのできる地だったのです。

篤胤が思い描く幽冥界の風景が、いまの日本人がイメージする死後の世界と驚くほど似ていることにお気づきになったでしょうか。そこで目にする風景は世俗社会そのものでした。罪人を苛む獄卒や人を救済に導く仏もいません。そこには季節の移り変わりもありました。人々は自然の風景を愛で、親族や友人との交際を楽しみながら、現世と変わらない日常生活を送っているのです。

このような現世の延長としての死後世界は、江戸時代の後期から幕末にかけて、ジャンルを超えてさまざまな思想書や文学作品のなかで数多く描き出されるようになります。東北の霊場にみられた花嫁人形などを奉納する習慣の背景には、江戸時代を通じて進行した死後世界の世俗化とそのイメージの確定があったのです。

20 神仏や死者を締め出した社会を激しく揺さぶった大震災地にて…

津波跡地　岩手県・福島県・宮城県

景観そのものをすべて奪われた人々

二〇一一年三月十一日、岩手・福島・宮城の三県を中心とする東日本の広大なエリアが巨大な震災に見舞われました。天が落ちるかと思わせるような揺れとそれに続く津波は、瞬時にして膨大な数の命を奪いました。震災に起因する福島第一原子力発電所の事故は、東北の人々の心に癒えることのない深い傷を残しました（次頁の写真）。自身は津波から逃れることができても、親族や知人が波に飲み込まれる姿を目撃した人は数多くいました。多くの人が死を目の当たりにし、それを間近に嗅ぎ取ったときでした。

私が津波の被災地を訪れたのは、震災から間もない四月初めのことでした。宮城県南部の坂元という海沿いの小さな町にある、縁者が所有する別荘の様子を見るためです。

この本の第1章でも触れましたが、私の生まれ故郷は、坂元から阿武隈山地の峠一つ越えた丸森町の小斎（こさい）という集落でした。小斎に住んでいた幼少の時分には、父の小さなバイクに乗せられて、しばしばこの海岸を訪れました。蟹を何匹も捕まえては、弁当箱に入れて家に持ち帰ったこともありました。坂元の風景が好きだった私は、仙台に移り住んだ後もこの地に幾度となく足を運びました。かつて松原と砂浜以外なにもなかった海岸に、万里の長城を思わせる防潮堤が造られ、波打ち際はテトラポッドで覆い尽くされました。それでもここを訪れると不思議に心が休まりました。

癒えることのない福島原発事故（2016年10月筆者撮影）

海岸沿いを南北に走る国道六号線から海側の一帯は、当時、一般人の立ち入りが禁止されていました。町役場で許可書をもらい、検問を越えて被災地に立ち入った私がまず衝撃を受けたのは、六号線から直に海岸線

倒壊だけは免れたＪＲ常磐線坂元駅の跨線橋（山元町）

を望むことができる光景でした。かつて海岸までの数キロほどの平野には、家や田畑や防風林が続いていました。海沿いには防潮堤がありました。その見慣れた風景が一切失われ、どこまでも瓦礫の散乱する無秩序が続いているだけでした。視界を妨げるものを失った荒野の遥か先には、砕ける波の白い穂先がきらめいていました（写真）。

予想はしていたことですが、家は土台だけを残して跡形もなく消え去っていました。その跡地を見つけることができたこと自体が、ほとんど奇跡でした。それでも敷地の片隅では、毎年開花するスイセンとクロッカスが、色鮮やかな小ぶりの花をつけていました。

生々しい津波の痕跡に、私はいまだかつて経験したことのない種類の不安を感じました。地震や火災で家を失うケースは数多くあります。そこでは、家はなくなっても周囲の風景は残ります。しかし、津波の場合は別でした。家だけでなく、それを取り巻く周囲の景観そのものがすべて失われてしまうのです。あらゆる存在が、そこにいた人の面影とともに消滅してしまうのです。代わって、視野の届く限りを支配しているのは全くの渾沌と混乱でした。これは、この世にみずからを位置づける座標軸を失うに等しい経験でした。私は被災地のなかで、上下左右の方向感覚を失いました。震災の跡地に立って、虚無の空間にひとり投げ出されたような恐怖に捕らわれてしまったのです。

被災地に出没する幽霊の実話

私たち現代の日本人が、死の現場に立ち会う機会はきわめて稀です。朽ち果てた死体を目にすることなど、ましてありえません。小分けにされラップに包まれてスーパーの棚に並べられた肉から、生きた牛や豚や鶏の姿を想像することは困難です。死はベールにくるまれて周到に隠ぺいされ、日常生活から遠ざけられているのです。

3・11の震災は、現代人が封印してきた死にまつわる問題を一挙に解き放つ結果となりました。震災による直接の被害を受けた人も、それを映像として見た人も、人間を、車を、建物を飲み込んでいく津波のすさまじさに圧倒されました。望むと望まざるとに関わらず、さまざまな媒体を通じて、多くの日本人が波に揉まれてボロボロになった死体を目にすることを余儀なくされました。この事件によって、いかに避けようと努力しても人間が不条理な死から逃れられないことを、私たちは身にしみて思い知らされることになったのです。

津波の跡地では、震災直後からしばしば幽霊の目撃譚が語られるようになりました。普通であれば、大量死の現場によくみられる荒唐無稽な噂話と片付けられてしまう類のものですが、今回の震災については、幾人かの研究者によって学術的な視点からの接近が試みられました。

その一つに、東北学院大学の金菱清（かねびしきよし）教授ゼミの学生たちによってなされた被災地での聞き取り調査があります。その成果は『呼び覚まされる霊性の震災学　３・11生と死のはざまで』という本にまとめられています。

そのなかの一章に、工藤優花さんが石巻で行ったタクシードライバーに対する聞き取りの話があります。当時三年次に在籍していた工藤さんは、石巻地域で幽霊が出没しているという噂を聞いて一年間石巻に通い続け、客待ちのタクシードライバーに怪異現象に遭うことがなかったかどうかを尋ね歩きました。その結果、七人のドライバーから幽霊と遭遇した体験談を聞き出すことに成功したのです。そのなかの一つ、五十代の男性運転手の話です。

震災から三カ月ほど後の深夜の出来事です。石巻駅周辺で客待ちをしていると、毛皮のついたコートを着た三十代と思しき女性が乗車してきました。すでに初夏の時期です。季節外れの服装をした姿にいぶかしさを感じながら行き先を尋ねると、とある津波の被災地を指定しました。運転手が、そこは更地でもう何もありませんよというと、女性は震える声で「私は死んだのですか」と答えました。運転手が驚いてバックミラーで確認すると、そこには誰も映っていませんでした……。

一般的な噂話と違って、工藤さんが聞いたドライバーの体験談の迫真性は、それを裏付ける根拠があることです。幽霊を乗せたため、「空車」のメーターを料金の発生する「実車」に切り替えた運転手がいました。幽霊を乗せて走ったというルートがＧＰＳに記録されている車がありました。業務日誌で報告した運転手もいました。どの人の話も単なる恐怖の体験談として終わるのではなく、また同じような人物を見かけたら乗せてあげる、という言葉で結ばれているのが印象的でした。こうした幽霊のエピソードには、さまざまな解釈が可能と思います。しかし、その共通の背景に、膨大な数の死を目の当たりにした生々しい体験があることは否定できません。加えて、証言した運転手の多くは、この震災で身内を亡くしているのです。

私自身は、大震災との遭遇は中国出張に旅立つ直前のことでした。仙台駅の近くで地震に見舞われましたが、新幹線ではなく飛行機を選んでいれば仙台空港周辺で津波に遭っていたはずです。路上の車中で波に襲われれば、助かる可能性はほとんどありませんでした。生と死が薄紙一枚で隔てられていることを実感したときでした。

　この災害で命を落とした人も、おそらく直前まで自分が死ぬとは思わなかったに違いありません。突然出現した水の壁にわけも分からないまま飲み込まれて、意識を失っていった人もたくさんいたことでしょう。もし私がそうであれば、自分が死んだことも分からないまま被災の現場に佇み続けたかもしれません。被災地は、一時的とはいえ生と死の境界が消えた場所だったのです。

大震災での流失を免れた仙台空港近くの下増田神社

『遠野物語』が伝える津波の話

　津波の跡地に幽霊が出没するという話は、これが初めてではありませんでした。明治時代以降、被災地での怪異現象がさまざまな資料に登場するようになります。なかでもよく知られたものに、柳田國男の『遠野物語』に収録されたエピソードがあります。

　変化に富んだ風景をもつリアス式海岸で知られる三陸は、今回の震災で甚大な被害を被りましたが、これまでも繰り返し津波に襲われてきました。なかでも一八九六（明治二十九）年に釜石沖で発生した明治三陸地震は、波高三十八メートルに及ぶ歴史に残る巨大な津波を生み出しました。この津波では東日本大震災を上回る二万人を超える死者が出たことが記録されています。以下はこの津波にまつわる『遠野物語』の記述の要約です。

——遠野の土淵（つちぶち）村の助役に北川清という人物がいました。その弟の福二は縁あって海沿いにある田の浜（現山田町）に婿に行きましたが、この津波で家と妻子を失いました。福二は生き残った二人の子とともに、流された屋敷の跡に小屋掛けして住んでいました。

津波から一年ほど経った初夏のことです。夜中に目を覚ました福二は波打ち際を歩いて、離れた場所にある便所に向かいました。そのとき立ち込めた霧の彼方から男女の二人連れが現れたのです。そのうちの女性は、なんと去年の津波で死んだはずの自分の妻でした。男の方は同じ里の住人で、やはり津波で命を落とした人でした。福二が婿入りする以前に、妻と深く心を通わせていたと聞いていた人物でした。

妻は、いまはこの人と夫婦になっている、と福二に話しました。残された子供は可愛くないのか、と福二がいうと、妻は少し顔色を変えて涙を流しました。死んだ人間と話しているとは思われないまま福二が足元に目を落としている間に、妻と男は足早にその地を立ち去り、岬の陰に姿を消してしまいました——。

『遠野物語』のもとになる話を柳田に語った佐々木喜善（ささききぜん）は、福二の遠い親戚でした。のちに佐々木は、自分が書いた文章である「縁女綺聞（えんじょきぶん）」のなかでもこの話を紹介しています。そこでは福二が、自分も子供もお前が死んだはずだと思っていたのに、好きな男と一緒にいるのか、と詰め寄ったという話になっています。妻は黙って俯いたまま、数歩先に行く男に小走りに追いつき、肩を並べて去っていきました。

『遠野物語』でもそうでしたが、ここでは生と死の境はいっそう不明確です。福二は突然出会った妻が、実は生き延びていたものと思い込んでしまうのです。その妻が、かつての恋人と連れ立って去りゆく姿を目にすることは、福二にとってこの上なく残酷な仕打ちでした。しかしその一方で、福二も、この顛末（てんまつ）を聞いた人々も、この話の結末にある種の安堵感をもつことになったのではないかと推測されるのです。

福二は婿入りして間もないころ、新妻が心を通わせていた男が同じ里にいると誰かに耳打ちされました。遠い場所から突然闖入（ちんにゅう）した異人に対する、村の誰かの意地悪だったのかもしれません。福二はこの話を胸中深くしまいこみ、決して外に出すことはありませんでしたが、折に触れて苦い思いを噛み殺していたことでしょう。やがて何人かの子供にも恵まれ、生活も安定し、過去を思い出す回数も減ったまさにそのときに、妻と子が突然の津波によって奪い去られてしまうのです。福二はこの出来事に絶望の思いを抱きました。あるいは、天が下した理不尽な仕打ちに対する激しい憤りの念だったかもしれません。一年の時を経てようやく諦めの気持ちが強まり、心が平静を取り戻しかけたまさにそのときに、昔の恋人とあの世で家庭をもったという妻と再会を果たすのです。福二の心が大きく揺らいだことは想像に難くありません。

しかし、よく考えてみれば、妻は死者なのです。第18章で取り上げた供養絵額やムカサリ絵馬を覚えておいででしょうか。遠野地方をはじめとする東北の諸地域では、死者の死後の満ち足りた姿を描いて寺に奉納するという習慣がありました。

激しい感情の起伏の果てに、妻があの世で幸せだったらそれでいい、と福二は最終的に思ったのではないでしょうか。妻の死後の命運を憂える気持ちが、彼にこうした幻影を見せたのかもしれません。私はこのエピソードの背景に、裏切りの残酷さではなく、あの供養絵額に通じるような異界の人への気配りを感じてしまうのです。

死者を締め出した現代社会の果ては…

災害はいかに文明が進歩しようとも、私たちが決して避けることのできない宿命です。戦争や原発事故、民族紛争のように、文明が大量殺戮を可能にし、被害を肥大化させる場合もありました。

災害を生み出すメカニズムに対する科学的な知見が乏しかった過去の時代には、この列島に住む人々は、繰り返される自然災害の原因を神などの超越的な存在に求めるしかありませんでした。超越者と自然災害の因果関係については、科学的知識の量や共有する世界観によって時代ごとに解釈が異なりました。それでも神仏に対して抱く共通のリアリティを背景として、人々は降りかかる災害の必然性を受け入れようとしました。災害はいつも多数の死を生み出しました。列島の住人は神仏を通じて、理不尽な死を遂げた人と現世を超えた長く親密な関係を築くことによって、互いの心の痛みを少しずつ和らげようとしてきたのです。

しかし、近代に入って進行する神仏の世界の縮小は、そうした関係がいつまでも継続することを許しませんでした。この本でも幾度か触れたように、生者と死者の交流の場とそれを支えてきた死生観が、いましだいにこの社会から姿を消しているように見えます。死は忌避すべき暗黒の領域と化し、死にゆく者を少しでも長くこちら側に引き止めることが現代医療の目的となりました。人間の世界からは死者だけでなく、神も動物も植物も排除され、特権的存在としての人間同士が鋭く対峙しあう社会が到来しました。それが人間中心主義としてのヒューマニズムを土台とする、近代という時代なのです。

岩手県の三陸沿岸には数百に及ぶ神楽、鹿踊り、剣舞などの民俗芸能を伝える団体があったといわれます。その多くが三月十一日の津波によって大きな被害を受けました。震災直後こそ祭礼は中止されましたが、本格的な復興の着手に先駆けて、多くの地域で神事と祭礼が再開されました。街が消滅し、装束や楽器が失われても、最小限の道具を融通しあいながら、犠牲者の追悼のために芸能の奉納が行われました。

末崎熊野神社から見る東日本大震災の被災地

夏には瓦礫が散乱する街中を神輿や郷土芸能の集団が練り歩く風景が各地に見られるようになりました。究極の災禍に直面して、神事が単なる民俗芸能としての役割を超えて、新たに人々を結びつける絆となっているのです。各地で神が、多様な人々を迎え入れる公共の空間を作り出しています。

思えば、神仏などの超越的存在は人間にとってもっとも古いパートナーでした。神仏や死者を想定しない社会は、いまだかつて地球上に存在しません。国家が誕生する以前から、人は神とともにあったのです。その支配を嫌い、いったん近代人が社会から排除した神が、いま三陸で再生に向けての新しい力を発揮しています。近代人がその実在を迷信として否定しようとした幽霊が、生き残った人々にその想いの丈を語りかけているのです。

私はいま、改めて思わざるをえません。常に神仏を必要としてきた人間とは、いったいどんな存在なのでしょうか。死者を他者として世界から締め出そうとした近代とは、どのような時代なのでしょうか。

震災によって社会に生じた巨大な亀裂の隙間から、異貌の時代としての近代がその姿をあらわにしています。大方の現代人は、もはや絶対的な根源神の実在を信じてその救済の摂理に身をゆだねることはできません。死者との穏やかな共存の風景を再現することも不可能でしょう。しかし、そうした時代がかつて実在したことを自覚し、死者の声に耳を傾けることによって、自分たちの立脚する現代文明の地平を相対化することはできます。近代という時代の歪みを照らし出すことはできます。

人類の滅亡が現実に視野に入りつつある今日、私たち一人ひとりが地球の未来を担う当事者として、みずからの歩むべき道を選択するという重大な決断を迫られています。そうした転換の時代であるからこそ、いま私たちは百年・千年単位の長いスパンのなかで自身の立ち位置を確認し、取るべき進路を熟慮する必要があるのではないでしょうか。

21

来世浄土を失った現代社会の死者はどこへ行くのか

一心寺　大阪府大阪市

年中無休の「おせがきのお寺」

大阪市天王寺区にある浄土宗一心寺は、ＪＲ天王寺駅を出て、谷町筋を北に向かって十分ほど歩いた場所にあります（次頁の写真）。古墳のある茶臼山を背にした高台に位置しており、大坂冬の陣では徳川家康がこの寺に本陣を置いたことで知られています。第11章でも取り上げた聖徳太子建立といわれる古刹、四天王寺の西門はすぐそばです。一心寺も法然上人を開基とする、鎌倉時代に遡る由緒ある寺院です。

国道に沿った歩道を寺の方向に折れると、不思議なオブジェが真っ先に目に入ります。鉄骨とコンクリートで造られた幾何学模様の山門です。いま一心寺の長老の地位にある高口恭行（たかぐちきょうぎょう）師は、建築家としても著名な人物です。この山門は高口師の設計によるものです。山門を守護するのはダヴィデ像を連想させる二体の青銅製の金剛力士像です。その意匠はきわめて現代風で、制作者は彫刻家の神戸峰男氏です。

鉄骨が織りなす幾何学模様の山門が印象的な一心寺

そうしたこともあって、私は山門を抜けるとき、いつも、寺院に参拝するのではなく、美術館に足を踏み入れたような気分になってしまうのです。

いま、一心寺ではさまざまな行事や習俗が行われています。なかでも有名なものが、死者の安穏を願った施餓鬼供養です。この法要は江戸時代から行われていたもので、そのために一心寺は「おせがきのお寺」ともよばれていました。現在でも年中無休で実修されており、いつでも、誰でも申し込むことができます。

施餓鬼と並んでよく知られているのが、戦国期の武将、本多忠朝の墓です（次頁の写真）。境内をさらに塀で仕切った一角に忠朝の墓が鎮座し、江戸時代から今日に至るまで、酒断ちを願う人々の参詣の対象になっています。五輪塔の形式をもつこの墓は一六一六（元和二）年に建立されたもので、圧倒的な存在感を示しています。

なぜ、この墓に対する酒封じの信仰が定着したのでしょうか。忠朝は徳川家の重臣であった本多忠勝の次男として生まれました。関ヶ原の合戦で活躍しましたが、大坂冬の陣では飲酒のために寝過ごすという不覚をとったといわれています。

その汚名を返上すべく夏の陣において奮戦し、戦死しました（一六一五年、三十四歳）。死の間際、「将来酒のために身を誤る者を助けよう」という言葉を残したため、「酒封じの神」として知られるようになったといわれています。

大坂夏の陣で戦死した本多忠朝の墓。背後には断酒祈願しゃもじ

このような伝承がまことしやかにささやかれるようになると、酒好きで身を滅ぼすことを不安に思う人や夫の酒乱ぶりに苦しむ妻など、酒に関する悩みをもった人々が、それを解決してくれるスポットとしてこの地に足を運ぶようになりました。墓碑を取り巻く塀にはたくさんのしゃもじが掛けられています。これは断酒祈願に訪れた人々が、その思いを記して奉納したものだったのです。

これまでに二百万柱が骨仏になって…

一心寺で知られるもう一つの風習が、納骨と骨仏です。一心寺の納骨堂には八体の阿弥陀如来像が鎮座していますが、この仏像は、実は寺に納められた骨をもとにして造立されたものなのです。

江戸時代に入って衰退の道を辿った一心寺は、起死回生の一手として、先祖供養の作法を取り入れます。その一つが先に述べた施餓鬼供養です。これが当たって、幕末の天保年間には数多くの人々が一心寺を訪れ、先祖の骨を納め、その供養を依頼するようになりました。

骨を霊場に納める行為は、すでに中世で盛んに行われた風習でした。これまで取り上げた高野山（第４章）や立石寺（第６章）でも納骨信仰が盛行していました。しかし、中世の納骨信仰と今日、一心寺で行われているそれは、全く別のものです。

中世の日本列島では、救済が確定した死者がこの世に留まることはありませんでした。この世にいるのは、浄土に行けない不幸な人々でした。聖地への納骨の目的は、その地を踏み切り板とした彼岸への飛翔でした。

それとは対照的に、近世の死者は自分の骨を離れてどこか遠くに旅立つことはありませんでした。墓所に居座る死者を「ご先祖」に上昇するまでケアし続けるのは、子孫たちの役目でした。先祖供養の風習は、江戸後期から幕末にかけて庶民層まで降下していきます。一心寺の施餓鬼供養は、このような社会の風潮を受けて始まったものだったのです。

一心寺のある大坂は商人の町であり、地方から大量の丁稚などの奉公人が集まる地でした。彼らは地元に残っても家を継ぐことができず、生きるすべのない農家の次男・三男が多くを占めていました。奉公生活が軌道に乗り、身を固めるなどして大坂での生活が落ち着くと、彼らは分骨してもらった親の骨を一心寺に納め、後生の安穏を願って供養を営みました。

大坂に菩提寺のない彼ら自身の遺骨もまた、一心寺に寄せられました。一八五六（安政三）年に、年中無休のおせがきの法要（常施餓鬼法要）が始まってからは、以前にも増して納骨の希望が殺到するようになりました。その結果、一心寺の納骨堂は収容の限界を迎えることになります。そうした状況を背景として造られるようになったのが、この骨仏だったのです。

骨仏の制作には納められた骨を粉砕してパウダー状にし、鋳型に入れて固めるという手法がとられます。最初の仏が作られたのは、一八八七（明治二十）年のことでした。それ以降、十年ごとに一体のペースで、現在までに十四体の阿弥陀仏が開眼されました。そのうちの六体は戦災で焼失したため、現在残っているのは戦後の造立になる八体のみです。

百三十年を超える歴史をもつ一心寺の骨仏には、二百万人もの人々の遺骨が納められています。いまでは日本国内のみならず、国外からも納骨を希望する人が来訪するといいます。この寺を訪れると、境内はいつもたくさんの参詣者で賑わっています。骨製の仏というと不気味なイメージで捉えられがちですが、端正な顔立ちの仏たちと日の光に満ちた寺内はそうした感覚とは無縁です。若い男女の参拝者も多く、境内は華やいで、活気に満ちています（写真）。

これまで200万人もの遺骨を骨仏にしてきた一心寺の納骨堂

一心寺の骨仏は、長い歴史をもつ貴重な宗教的習俗として、二〇〇五（平成十七）年には大阪市の無形民俗文化財に指定されました。

孤人化社会ゆえの新たな骨仏ブーム

一心寺の納骨の作法は、菩提寺をもたない都市大阪の庶民層に支持され、拡大してきました。しかし、その性格はいま大きく変わりつつあるようにみえます。頼れる親族がなく、死後長期にわたってケアされることを見込めない死者の遺骨が、数多く持ち込まれるようになっているのです。

死者を長く記憶し、その安寧を祈るシステムの衰退は、現在、日本列島の各地に見られる現象です。たとえば、第17章で取り上げた庄内の「モリ供養」です。かつて祭日の三森山では、先祖供養のために山に登る人々が長蛇の列をなしたといわれます。けれども、近年では閉鎖されたままのお堂が目立つようになりました。その原因の一つは、常連の登拝者の高齢化です。迎える側でも集落の過疎化が進んで、山上でお堂を開く労力を確保することが難しくなっているという現実があります。

お盆になると日本人の多くが墓参を忘れない（会津）

日本列島では、いまでもお盆の時期になれば人々が大挙してふるさとに向かい、先祖の墓に詣でては故人との対話を試みています（上の写真）。しかし、その一方で、家や共同体といった枠組みで死者を長期にわたって記憶し供養する体制の解体が、着実に進行しています。家の墓を維持することが困難なケースが増え、無縁墓とよばれる訪れる人の絶えた墓が、墓地のここかしこに見受けられるようになりました。いま忘却される死者、供養されない死者が日々大量に生まれているのです。今日流行語となっている「墓じまい」も、それと密接に関わる現象にほかなりません。

こうした社会的な動向の背景にあるのは、伝統的な家制度の変容です。人口の都市流入に伴って、数世代が傍系親族を含めて同居するかつての大家族は解体し、夫婦とその子供からなる単婚小家族が世帯の単位となっています。生活の形態が多様化して、生涯を通じて未婚を通す男女が増え、没後に弔ってくれる親族をもたない日本人が大量に出現しています。世代を超えて家の墓を守り、祖先を供養し続ける風習を、多くの家庭が維持できない時代となってしまったのです

もはや子や親族に死後のケアを期待することはできない。さりとて墓地の片隅で無縁仏になることも忍びない。それなら仏様の一部となって、日々読経の声を聴き、たくさんの人々の礼拝を受ける方が遥かにいいではないか――そう考えた人々の遺骨が、いま一心寺に持ち込まれ、新たな身体を得る日を待ちわびているのです。

いま、骨仏は全国各地で続々と誕生しています。一心寺のように遺骨をすり潰して仏像を造

形するもののほかに、遺骨を仏の胎内に納めるタイプのものもあります。生前から骨仏になることを希望し、申し込む人も増えているといいます。生活の孤人化が進む現代社会では、骨仏への需要が今後ますます増大していくことは間違いありません。柳田國男が『先祖の話』（一九四六年）で描いた、墓を媒介とする先祖と子孫の交流という物語は、いま根本的な変容に直面しているのです。

神仏も死も隠されようとしている日本

時代により地域により、葬送の儀礼はさまざまです。しかし、風習が違っても、一つだけ共通する点があります。それは亡くなった者を思い、死者を悼む心です。身近な人を失う心の痛みは、どれほど文化が異なっていても人間にとっての共通の心情なのです。

親しき者を失って、人類はこれまでどれほど多くの涙を流してきたことでしょうか。先に逝った人々すべてが、幸福な人生を全うしたわけではありません。彼は、彼女はなんのためにこの世に生を享けたのか――一つの死を見送ることは、その人の人生がなんであったかを問いかけることなのです。

それはとりもなおさず、みずからの人生の意味を問う行為にほかなりません。人は他人の死を見つめることによって、生きることの意味を自問するのです。そうした営みを通じて、人は故人の生を背負い、残された日々をその人と生きていくことを決意するのです。

いま「社会」「世間」といったとき、私たちがその構成員として思い浮かべるものは、当然のことながら人間です。しかし、社会が人間によって構成されるというイメージは決して普遍的なものではなく、すぐれて近代的な感覚でした。近代より前の時代まで遡れば、この世界は人間だけのものではありませんでした。

たとえば、私たちは「都市」というと人間が集住する場所というイメージをもっています。しかし、実際に古今東西の史跡に足を運んでみれば分かることですが、街の中心を占めているのは神仏や死者のための施設です。中世ヨーロッパでは、都市は教会を中心に建設され、教会には墓地が併設されていました（写真）。日本でも縄文時代には、死者は集落中央の広場に埋葬されました。歴史時代に入っても、寺社が都市の公共空間の枢要に位

欧州の都市は教会が中心に（イタリアボローニャの教会）

置していた時代が長く続きました。そうした過去の風景を歩いていると、現代が、日常の生活空間から人間以外の存在を放逐してしまった時代であることを、改めて実感してしまうのです。

かつては神仏も死者も、私たちの社会に不可欠の構成員でした。人は常に人を超えた存在を意識し、その視線を感じ取り、その声に耳を傾けながら日々の生活を送ってきました。目に見えない存在との対話のなかから、人間は生きるための知恵を汲み取っていたのです。

いま死者と生者との関係は個人的なつながりとなり、死者がこの世での定住の地を失う時代が到来しました。死者を長期間にわたって記憶する装置は意味を失い、死者は縁者が思い起こした時だけ記憶のなかに蘇る存在となってしまったのです。

こうした方向性は、家制度の解体という社会構造の劇的な変貌に伴う必然的な現象です。どのようにしても、その流れを押し留めることは不可能でしょう。しかし、そこで気になるのは、伝統儀礼の衰退に伴って、日本人が長年にわたって共有してきた生と死に関わる言説そのものが急速に説得力を失い始めている点です。

現代の日本で起こっている死生観の変容については、すでにこの本のなかで、いくつかの視点から論じてきました。ここでは違った角度から、その問題を考えてみたいと思います。

生者の世界から死者を完全に排除する時代

今日、私たちは「何時何分御臨終」という言葉に示されるように、生と死のあいだに明確な一線を引くことができると考えています。死の判定は専門家のあいだでも議論のある難しい問題ですが、それでも大方の人はある一瞬を境にして、生者が死者の世界に移行するというイメージを抱いています。しかし、私たちが常識と思っているこうした死の解釈は、人類の長い歴史のなかでみれば、近現代に特徴的なきわめて特殊な感覚だったのです。

前近代の社会では生と死のあいだに、時間的にも空間的にも、ある幅をもった〝中間領域〟を認めることが普通でした。その領域の幅は時代と地域によって違っていましたが、時間でいえば数日から十日ぐらいの間に設定されていました。呼吸が停止しても、即座に死と認定されることはありませんでした。その人は亡くなったのではありません。生と死のあいだに横たわる境界をさまよっていると考えられたのです。

その間に残された者たちがどのような行動をとるかは、背景となる文化によってさまざまでした。日本列島についていえば、身体から離れた魂が戻れない状態になったときに死が確定すると考えられていた古代では、遊離魂を体内に呼び戻すことによって死者を蘇生させようとする試みがなされました。「魂呼ばい」の風習です。

不可視の理想世界（浄土）のリアリティが社会に共有される中世になると、死者を確実に浄土に送り出すことを目的とした追善の儀礼が行われるようになります。死者が遠くに去ることなく、いつまでも墓場に住むという感覚が強まる近世では、亡者が現生（げんしょう）で身にまとった怒りや怨念を振り捨て、穏やかな祖霊へと上昇していくことを後押しするための供養が中心となるのです。

前近代の社会では、生と死が交わる領域は呼吸が停止してからの限られた期間だけではありませんでした。生前から、死後の世界へ向かう助走ともいうべきさまざまな儀礼が営まれる一方、死が確定して以降も、長期にわたって追善供養が続けられました。生と死のあいだに一定の幅があるだけではありません。その前後に生者の世界と死者の世界が重なり合う長い期間があるというのが、前近代の人々の一般的な感覚でした。生者と死者は、交流を続けながら同じ空間を共有していました。生と死そのものが、決して本質的に異なる状態とは考えられていなかったのです。

こうした前近代の死生観と対比したとき、近代が生と死のあいだに往還不可能な一線を引くことによって、生者の世界から死を完全に排除しようとする時代であることが理解できるかと思います。

いまの日本では死は周到に隠ぺいされ、人間でも人間以外の動物でも、生々しい死体を直接目にする機会はほとんどなくなってしまいました。普段の食事で、牛や鳥や魚の死体を口に運んでいるという感覚を持つことはまずありえません。誰もが死ぬという当たり前の事実すら公然と口にすることはタブー視されています。

いったん人が死の世界に足を踏み入れてしまえば、慌ただしい形式的な葬儀を終えて、参加者はただちに日常生活に戻ってしまいます。別世界の住人であるがゆえに、死者はもはや対等の会話の相手ではありませんでした。死者の側の能動性は失われ、死者は生者の側からなされる一方的な追憶と供養の対象と化してしまったのです。

ひたすら長寿と延命を至上視する訳

宮城県で長年にわたって緩和ケアの仕事に従事し、二千名の患者を看取ってきた岡部健（たけし）という医師がおられました。彼はみずからがガンになって死を意識したときの心境を、次のように語っています。

《がん患者になったとき、痩せた山の尾根を歩いている気分だった。（中略）晴れ渡った右の生の世界には、やれ化学療法だ、やれ緩和医療だ、やれ疼痛（とうつう）管理だとか、数えきれないほどの道しるべが煌煌と輝いていた。ところが、反対側の死の世界に降りていく斜面は、黒々とした闇に包まれ、道しるべがひとつもないのだ》（奥野修司『看取り先生の遺言』）

死は誰もが必ず辿らなければならない道です。現代人にとって、その道のりは現世と切断された孤独と暗黒の世界でした。病に倒れた人を生に導くコースには、無数の道標と選択肢が存在します。しかし、死に向かうコースには全く案内板がないのです。医療の最先端の現場で死と正面から向き合っていた岡部医師は、自身の死の問題に直面して初めてそのことを身に染みて実感した、と語っているのです。

未知の道行であるゆえに、現代人は生死の一線を越えることを極度に恐れるようになりました。どのような状態であっても、患者を少しでも長く生者の側の世界に留めることが近代医学の使命となりました。いま大方の日本人が生の質を問うことなく、ひたすら長寿と延命を至上視する背景には、生と死を峻別する近現代に固有の死生観が存在するのです。

22

樹木葬や自然葬で分かる歴史的転換期を迎えた生者と死者の行方

樹木葬の森　岩手県一関市

墓碑を建てない樹木葬

岩手県一関市（いちのせきし）にある長倉山知勝院（臨済宗）は「樹木葬の寺」として知られています。樹木葬の墓地は、一関から国道三四二号線を磐井川沿いに十キロほど西に入り、左手に脇道に分岐してしばらく進んだ場所にあります。国道はよく整備され、いかにも東北らしい佇まいの農村風景のなかを、正面に栗駒山を眺めながら走る快適なドライブを楽しむことができます（次頁の写真）。渓谷美で有名な厳美渓（げんびけい）はコースの途中に位置しています。

樹木葬は祥雲寺（臨済宗妙心寺派）の前住職であった千坂（ちさか）げんぽう師が考案した埋葬のスタイルです。普通私たちがイメージする墓地は、そこに亡くなった人物の氏名と命日を記した石碑を建て、地下のカロートといわれる部分に火葬にした遺骨を納めるという形式をとります。しかし、樹木葬では墓碑は建てず、カロートを設けることもしません。代わりに地面に穴を掘り、直に骨を埋納します。そして墓地のシンボルとして、里山の木を植えるのです。大きな木を目印にして、そばに遺骨を埋める場合もあります。

知勝院に近い一関市本寺地区の広々とした山里風景

いずれにしても、樹木葬では固定した墓を設けません。遺骨は遠からずして土に帰ります。美しい自然と一体化して、永遠にその地に留まることが、樹木葬を選択する多くの人々の理想なのです。知勝院の葬地は麗しい里山です（次頁の写真）。近くに行っても、実際に足を踏み入れても、説明を受けなければそこが墓地であることに気がつくことはありません。

これまで何度も触れましたが、いま日本では核家族化が進行しています。生活のスタイルが多様化し、一生独身で通す人の数が増えました。かつてのように死を看取り、没後に供養してくれる子孫がいないことも珍しいケースではなくなりました。守ってくれる人がいないことによる「墓じまい」が、ここかし

知勝院樹木葬が広がる森には墓碑も塔婆も全く見えない

こで見受けられるようになりました。樹木葬はそうした人々にとって、死後のことを憂うる心配のないシステムとして、いま広く受け入れられているのです。

千坂師によれば、樹木葬にはもう一つの目標があるといいます。それは里山の自然の回復です。私の故郷が宮城県の丸森町の山村であることは前に述べましたが、いま墓参りなどでそこに戻ってみると、家のあった場所の裏山は樹木が繁茂し、全く足を踏み入れることができない状況になっています。これは一見すると自然の回復のようですが、里山のあり方としては決して健全な状況ではありません。

かつて農村に多くの若者がいて共同体が機能していた時期には、定期的な下草刈りや枝打ち、落ち葉かきが行われて、山の中を自由に歩き回れるような環境がありました。百合の群落が広がる場所があり、親と一緒にその根を掘りに行って、家で甘露煮にしたことを記憶しています。山苺やぐみなどの食べられる植物があちこちに自生していて、実をつける季節になるとそこに行くことが楽しみで仕方がありませんでした。千坂師が目指しているのは、こうした豊かなめぐみをもたらす里山の自然の再生なのです。

遺骨への信仰を変えた自然葬

樹木葬だけでなく、前世紀の終わりごろから日本ではさまざまな形態を取った新しい葬法が出現しています。

そのもっとも早いものの一つが「自然葬」です。この名称は、一九九一年に安田睦彦氏によって立ち上げられた「葬送の自由をすすめる会」の活動によって、社会的な認知を得るようになりました。自然葬は遺骨をパウダー状態にして、山や海に散布するものです。墓地以外の場所への散骨は違法であるというイメージがありましたが、この会の活動について、法務省が「節度をもって行われる限り」法律に抵触しないという見解を出してからは、一気に広がりをみせるようになりました。こちらの葬法も近年の自然回帰ブームに乗って社会に受け入れられ、全国に普及しています。

自然回帰という点でいえば、スウェーデンでは遺体をフリーズドライの方法で粉末化する冷凍葬が開発され、実用化されています。土に埋められた遺体は短期間で完全に土に帰って肥料となります。まさしく究極までエコを追求した葬法です。

樹木葬や自然葬が日本列島に定着していく背景には、他の要因もありました。山林を切り裂き、自然を破壊して大規模な墓地を開発することに対する批判意識の高まりです。ひたすら経済成長と効率化を追い求める現代社会のあり方に疑問の声が上がるなかで、死後みずからも自然に帰り、大地と一体化したいという人々の願望が顕在化してきたのです。

これらの葬法では、自身の存在を長く記録に残そうとする指向性をほとんど看取できません。散骨の場合、その行為が終了した段階で死者の本籍地はこの世に存在しなくなります。そこでは骨を死者の依り代（よりしろ）と捉える発想は皆無です。樹木葬の場合も、埋葬地点に小さな木製の標識を建てるだけで、故人の名前をいつまでも残そうという意識は全くありません。

近年、火葬場では、火葬が終わっても骨を受け取らずに、適当に処分してほしいと頼む人が増えているといいます。一時代前までは、日本人は骨を大切にする民族だという言葉に違和感を覚える人はほとんどいませんでした。しかし、いま骨を故人と結びつけ、特別視する風潮はあきらかに変化を見せ始めているのです。

これはたいへん重要な問題を孕んでいます。可視化された儀礼だけではなく、その背後にある世界観と死生観そのものが、大きな変容の過程にあると推測されるのです。十六世紀から今日まで続いてきた、墓地を媒介とする生者と死者の交渉という常識が、いま転換期にさしかかっています。死者が伝統的な墓地から離脱し始めているのです。

墓にいなくなった死者はどこにいるのか

墓にいないとすれば、死者はどこに向かっているのでしょうか。この点に関連して興味深い現象は、近頃よく見受けられる故人の写真を部屋に飾るという形態です。従来のように、仏壇を構えて位牌とともに写真を安置するのではなく、宗教色を排した形で、室内装飾の一環のようにして写真を置き、花などを手向けるのです。

今日流行をみせているもう一つの死者供養の作法に、手元供養（てもとくよう）とよばれるものがあります。これは遺骨を陶土やガラスと一緒に焼き上げ、ペンダントや置物にして身につけたり身近に置いたりする形式です。小さな容器に骨を入れるスタイルもあります。ここでも宗教色はほとんど見られません。

この両者に共通するのは、死者がいつまでも記憶に留められることを前提にしていない点です。写真にせよ手元供養にせよ、故人と供養者との関係は個人的なレベルに留まっています。供養者がこの世を去って被供養者と同じ世界に行ってしまえば、もはやこの世に故人を記憶する人間は誰もいません。墓石に戒名を刻むという従来の方法とは、根本的にコンセプトを異にしているのです。

これらの葬法の背景にあるのは、伝統的な家制度の変容です。先ほどは「核家族化」という言葉を使いましたが、かつて日本社会の主流だった大家族は解体し、夫婦とその子供からなる家族が世帯の単位となりました。生涯を通じて未婚を通す男女も増えて、死後を弔ってくれる親族をもたない人間が大量に出現しています。さらに、少子高齢化の進展によって、いまや単身世帯の割合は全世帯の四分の一に達しています。「おひとりさまの老後」（上野千鶴子）が当たり前になっているのです。

遺影による供養や手元供養を選択する人々の多くは、次世代の後継者をもっていませんでした。そのため永続する供養は望むべくもありませんでした。せめて配偶者や友人がささやかな遺品を身近に置き、折に触れて自分を思い起こしてくれることを望んだのです。

記憶したい人を記憶できればいい、記憶してほしい人に憶えていてもらえればそれでいい、という意識がその根底にはあります。これは生者と死者の関係の個人化にほかなりません。かつてのように生者と死者の関係は家を媒介とした関係、社会的な関係ではなくなり、なんらかのつながりをもつ個人同士の一対一の関係へと変化してしまっています。自分を記憶する周囲の人が誰もいなくなったとき、自然と一体化してこの地球の片隅に存在し続けるというイメージで、死が捉えられているのです。

変わりつつある死者への仮想空間的記憶

いま死者は、骨や墓といった形あるものから急速に解き放たれつつあります。自分を想起してくれる人物がいれば、自在にそこに出現することができるようになったのです。死後に自身が風になって、空中を自由に飛翔する様子を詠んだ「千の風になって」という歌が流行したのは、こうした新たな世界観と死生観の浸透に対応する現象にほかなりません。写真や遺骨のペンダントは死者の依り代ではなく、記憶を呼び覚ます装置なのです。

死者は、どこ、ここ、と指し示すことのできるような具体的な場所にいるのではありません。コンピュータを起動してアプリを立ち上げるとバーチャルアイドルの初音ミクが登場するように、仮想空間にいるバーチャルなキャラクターでした。遺品は、人を死者の想起へと導くスイッチなのです。

こうした新しい死者のイメージが生まれてくる背景に、家制度の変容があることはすでに述べた通りですが、現代人が死の現実に接する機会をほとんど失ったことも一つの原因となっているように思われます。

いまの日本では病院で息を引き取る人が大多数を占めています。私自身も幾度か経験したことですが、危篤状態で集中治療室に入ると、家族でさえも会うことは叶わなくなります。ようやく対面できるのはもはや打つ手がなくなった臨終直前か、息を引き取った後のことです。近年は在宅介護のシステムも進化し、医療の選択肢も増えましたが、まだ少数派です。人が精神的な葛藤と肉体的な苦痛を伴いながら死の世界へと旅立っていく一部始終を、親族や友人が枕元で見守るという光景はほとんど見られなくなってしまったのです。

亡くなると、遺体の処理は葬儀業者が代行してくれます。遺族が死体に手を触れなくても済むような完璧なシステムができあがっています。葬儀に出席するだけの知人であれば、故人がどのような死に方をした場合でも、対面するのは清められ整えられた穏やかな死に顔です。それはあたかも蝋人形を見るかのようで、死体が一面でもつ不気味さとおぞましさを全く感じ取ることができません。

これからも日本列島では、死者がその遺骸を離れて、死のリアリティが希薄な仮想空間に住まいを移していく傾向は変わることがないでしょう。しかし、それが一方的に進展するとは思えません。東日本大震災では火葬しきれない大量の遺体を前にして、それをどう処理するかが喫緊の課題となりました。いま世界に広がっている新型コロナウイルス関連でも、日常的な処理能力を超えた大量の死者が生まれています。

前々章で取り上げたように、大震災の津波被災地では、生々しい幽霊の目撃情報が数多く寄せられました。死を完璧にオブラートに包み社会から遠ざけたようにみえる現代日本でも、ひとたび想定を超えた災禍が出現すれば、たちまち包装紙が剥がれ落ちて、むき出しの死の現実が目の前に立ち現れるのです。

仏教的世界から解き放たれた死生観

私たちは、生活を共にし、あるいは親交を結んだ人物がこの世を去っても、すぐにその人を忘れ去ることはありません。繰り返し亡き人を想起するのが人間としての性です。しかし、死者を記憶するスパンと方法は時代と地域によって同じではありませんでした。

日本列島についていえば、死者を長く記憶に留めようとする試みが本格化するのは、十六世紀以降の近世とよばれる時代のことでした。この時期は、人々が抱いていた理想の他界（あの世）と、そこにいる絶対的な救済者＝仏に対するリアリティが希薄化していくときにあたっていました。社会と文化の世俗化という時代思潮のなかで、人はこの現実の背後に、目に見えない真実の世界があるという宗教者の教説を、実感をもって受け入れることができなくなってくるのです。

あの世の仏の代理人であるこの世の仏＝仏像に、もはや人を浄土に送り出す力はありませんでした。死者は遠い他界に旅立つことをやめ、この世に本籍の地をもつようになりました。見ることも触れることもできないあの世の仏に代わり、子孫や縁者が長期間にわたって死者をケアし続ける慣わしが常態化するのです。

こうした死者供養の儀式変容の背景には、彼岸表象の希薄化というコスモロジーの転換に加えて、世代を超えて継続する「家」の確立とその一般化という社会現象がありました。人は、生前は家を媒介として地域のコミュニティを形成し、相互に助け合いながら生活しました。息を引き取った後、今度は墓地にある死者仲間に迎えられました。死者たちは朝夕に本堂から聞こえてくる読経の音に気持ちを和ませ、ときには寂しさを託（かこ）ちあいながら、折々に縁者や子孫が訪れることを心待ちにしていました。生者が家を介して共同体を形成していたように、死者もまた家ごとの墓所を単位として墓地のコミュニティを作り、集団生活を営んでいたのです。

遺族は折々に寺を訪れては、故人があの世で愛しい人々と再会して、幸福な時間を満喫している様子を確認しました。そして、いずれは自身もその幸せな人々の輪に加わることに思いをいたしながら、しばし死者たちとの穏やかな時間を共有しました。そして、墓地での休息を終えて俗世界に舞い戻る、生死の循環に想いを馳せるのです。

死者がこの世の住人となり、死者供養の主役が仏から人間に変わるにつれて、死後世界の世俗化が進行します。近代に入るとそこから浄土の風景や仏の姿そのものが消えていきます。冥界のイメージが仏教的世界観から解き放たれるのです。死者たちは、神も仏もいないあの世で親族同士が寄り合い、よき伴侶と素敵な住居を得て、衣食住に満ち足りた苦しみや悩みのない生活を送っているのです。

死の儀礼と文化をもたない民族はなかった

私はこれまで、この本のなかで、日本列島上にある、生と死の交錯するたくさんのスポットに光を当ててきました。また、そこで行われてきた太古の時代から現代に至る葬送儀礼の変遷と、その背後に潜む死生観の変遷を辿りました。

本書を締め括ろうとするいま、改めて感じるのは、この列島に花開いた葬送文化の多様性です。けれども、それは日本だけのことではありません。世界に目を向ければ、さらに多彩な死者との交流の作法が築き上げられてきたのです。

近世に入って家制度が確立すると、私たちの祖先はそれを前提とした生者と死者の緊密な交流の物語を紡いできました。しかし、いまや生の世界と死の世界は切断され、死者は闇の空間に閉じ込められてしまいました。樹木葬や自然葬など、再び生の世界と死の世界を架橋しようとするさまざまな試みがなされていますが、列島の社会はまだその変化に対応する新しい物語を共有できないままでいるのです。

死の儀礼と文化をもたない民族は、いまだかつて地球上に存在しませんでした。死者との安定した関係の構築は、生きた人間にとっても精神的に満ち足りた人生を送る上で不可欠の前提なのです。社会構造が大きく変動し、死生観が歴史的な転換期を迎えている今日、どのような死者との関わり方が可能なのでしょうか。私たちはいま、死者から重い問いを突きつけられているのです。

おわりに

本書のもとになったものは、二〇一八年から二〇年にかけて、二十二回にわたって『月刊住職』に掲載されたエッセイです。縁あって発行元である興山舎社主の矢澤澄道氏にお声がけいただき、連載の運びとなったものです。

毎回異なったスポットを取り上げて、写真付きでかなりの枚数の原稿を執筆するという作業は、率直にいってとてもハードな仕事でした。準備にはベストを尽くし、全力で執筆したつもりですが、時間的な制約もあって、あるいは内容に事実誤認や不適切な記述があるかもしれません。その責任はすべて私にあります。その際にはご指摘と叱責をたまわりたく存じます。

連載の執筆にあたって、実際に寺院を訪ね歩き、たくさんの人々の話をうかがい、自分の目で生と死が交差する現場を見て歩くと、今日の日本がまさしく百年単位で起こる死生観の大転換のさなかにあることを実感します。寺という現場で日々精進されている皆様はよりはっきり感じていると思いますが、長年継承されてきた家の墓という制度が大きく形を変えようとしています。

私がより深刻な問題と考えているのは、葬送と供養という儀礼のレベルでの変容に止まらず、その背後にある死をめぐる観念そのものが大きな転換期にさしかかっているようにみえることです。

過去数千年にわたって、日本列島に暮らす人々は死者との共存の物語を編み上げてきました。江戸時代以降についていえば、生と死は実は表裏一体のものであるという認識です。たとえ故人が死の世界に赴いたとしても、残された親族と親密な交際を継続し、他界でのしばしの充電の果てに新しい身体を得て再びこの世界に舞い戻ってくると、かつて大方の人は思っていました。そのストーリーがいま色褪(あ)せ、死後の世界は未知なる闇の世界へと姿を変えつつあるのです。

近代化と文明化が行き詰まったいま、世界はあらゆる面で混迷の度を深めています。先の見えないこの時代に、いかにして次世代の人々が安心して受け入れることのできる新しい生と死のストーリーをつむぎ出していけばよいのでしょうか。

本書はこうした課題を念頭に置いて、縄文時代以来の葬送儀礼と死生観の変容のなかで、現代社会の位置を見定めることをもう一つの目的としています。

連載にあたっては、矢澤社主をはじめ『月刊住職』のスタッフの皆様にたいへんお世話になりました。また書籍化に際しては、担当の長谷川葉月さんにとても丁寧なお仕事をしていただきました。この仕事が縁となって、多くの方々と新しい縁を結ぶに至ったことを、とても嬉しく思っています。

三月三日

佐藤 弘夫

日本における他界観の今日に至るまでの歴史的推移

時代		主な大きな出来事	葬送儀礼と墓のかたち	他界観とそのあり方	本書で取り上げた遺跡や寺院等（（）は本書の章を表す）	関連文献
原始	縄文		環状列石（縄文時代後期　四千年前）	墓は集落内に作られる	大湯環状列石(8)	
	弥生			墓地は集落から離れた場所に形成される		
	古墳	五三八　仏教公伝	前方後円墳（三世紀〜六世紀）	カミの抽象化と被葬者の神格化・カミは山（古墳）を依り代として現れる	箸墓(9)	
古代	飛鳥	七一〇　平城京（奈良）遷都	霊魂の浄化装置としての仏教 天皇の最初の火葬　持統天皇（七〇二年）	伝来当初の仏教は主に霊魂の浄化を担った	法隆寺(10)	古事記 日本書紀
	奈良	七九四　平安京（京都）遷都	浄土信仰の浸透と阿弥陀堂の建立（十一世紀〜）	他界浄土信仰が本格的に広まる	高野山(4)	続日本紀 往生伝
中世	平安	一〇五二　入末法初年	救済者となった聖徳太子 補陀落渡海の始まり（十一世紀〜） 奥の院の誕生と納骨（十二世紀〜）	⇐生活苦や疫病、飢饉による死者たちに仏教は浄土への救済を布教した 他界浄土の布教に伴い本地垂迹が説かれる（神仏習合） 浄土への入り口として奥の院の創設	四天王寺(11) 熊野(15) 高野山(4)	栄華物語 今昔物語集 吾妻鏡 高野大師行状図画

時代		年表	死者観の動向	解説	関連遺跡	関連文献
中世	鎌倉	一一九二 鎌倉幕府の成立 一三三三 鎌倉幕府の滅亡	中世的な集団墓地の形成と匿名化する死者 板碑建立の始まり 納骨信仰の広がり 本地垂迹によって神も仏も他界浄土への信仰を高める	来迎仏を導く標識としての経塚。死者を浄土へと送り出す役割 板碑は死者の墓標として建立されるが個人名の特定はない	一の谷遺跡／上行寺東遺跡(3) 立石寺(6) 化粧坂(7) 瑞巌寺(13) 春日大社／元興寺(5)	太平記 餓鬼草紙 方丈記 平家物語 一遍聖絵 天狗草紙 発心集 善光寺縁起
	室町	一三三八 室町幕府の成立 一四六七 応仁の乱 一五七三 室町幕府の滅亡	広範囲に及ぶ板碑の造立（十三～十四世紀）	霊場は化仏が死者を彼岸へと導く入り口とされた 板碑が埋葬のみならず地域の祈願の対象ともなる	医王寺(2)	
近世	安土桃山					
	江戸	一六〇三 江戸幕府の成立 一六三五 寺社奉行の設置 寺請制の全国化	寺院境内墓地の普及と墓碑に銘記される死者 神となる権力者・東照宮（十七世紀～） 山に留まる死者 幽霊譚の流行 庄内地方のモリ供養	泰平の中で次第に不可視の彼岸世界がリアリティを失っていく 境内墓地に死者の名を刻む。死者の霊魂は山に留まる	遊仙寺(1) 遊仙寺(1) 金剛證寺(12) 岩船山(14) 全生庵(16) モリの山(17)	そとがはまかぜ 稲生物怪録 霊の真柱

⇐現世に執着を持つ死者に宗教的救済はなく死後にも俗世の復讐を投影する幽霊譚

時代	近代	現代
元号	明治 大正 昭和	昭和 平成 令和
主な大きな出来事	一八六八　明治維新 神仏判然令発布 一八七一　宗門人別帳及び寺請制の廃止 一八九四　日清戦争 一九〇四　日露戦争 一九三七　日中戦争	一九四五　終戦 一九五一　宗教法人法公布 一九九五　阪神淡路大震災 二〇一一　東日本大震災 二〇二〇　新型コロナウイルス感染拡大
葬送儀礼と墓のかたち	供養絵額とムカサリ絵馬奉納 骨仏の建立 花嫁人形の寺院への奉納	大型（公営）霊園の台頭 従来の墓地を否定する自然葬 永代供養墓・樹木葬の普及 通夜葬儀の簡略化と直葬の出現 震災跡地に出現する幽霊譚 緊急事態宣言による葬送儀礼の自粛化
他界観とそのあり方	**来世の救済よりもこの世での幸福と生活の充実を希求** 死者供養の主役が仏から遺族にとって変わる 年忌法要以外の交流（新年、春秋彼岸、お盆など）を通じて死者がご先祖様になる	**生と死の世界の切断＝死者は闇の空間に閉じ込められつつある** 供養されない死者の発生。死のリアリティが希薄になり、故人との対話の減少 少子高齢化による墓じまいの始まり。死者が定住の地を失っていく
本書で取り上げた遺跡や寺院等 （　）は本書の章を表す	西来院（18） 一心寺（21） 川倉地蔵尊（19）	樹木葬の森（22） 津波跡地（20）
関連文献	遠野物語 先祖の話	呼び覚まされる霊性の震災学

【参考文献】

井之口章次『日本の葬式』ちくま学芸文庫、二〇〇二年
岩田重則『「お墓」の誕生』岩波新書、二〇〇六年
佐藤弘夫『死者のゆくえ』岩田書院、二〇〇八年
同　『死者の花嫁』幻戯書房、二〇一五年
石井　進「中世墓研究の課題」『中世社会と墳墓』名著出版、一九九三年（第3章）
柳田國男「先祖の話」『柳田國男全集 13』ちくま文庫、一九九〇年（初出一九四六年）（第12・16章）
菅野成覚「平泉文化の歴史的意義」『平泉の光芒』吉川弘文館、二〇一五年（第12章）
谷川健一『常世論―日本人の魂のゆくえ』講談社学術文庫、一九八九年（第13章）
林　京子「戦国末期の岩船山―新出「下野国岩船地蔵誓願参日記」とその周辺」『宗教民俗研究』第三一号、日本宗教民俗学会、二〇二一年（第14章）
折口信夫「国文学の発生（第三稿）」『古代研究 Ⅲ』中央公論新社、二〇〇三年（初出一九二九年）（第17章）
柳田國男『故郷七十年』講談社学術文庫、二〇一六年（初出一九五八年）（第19章）
金菱清編『呼び覚まされる霊性の震災学　3・11生と死のはざまで』新曜社、二〇一六年（第20章）
奥野修司『看取り先生の遺言』文藝春秋、二〇一三年（第21章）

著者紹介

佐藤 弘夫

1953(昭和28)年、宮城県生まれ。東北大学大学院文学研究科博士前期課程修了。博士(文学)。盛岡大学助教授などを経て、現在、東北大学大学院文学研究科教授。専門は日本思想史。著書『アマテラスの変貌』(法藏館)、『霊場の思想』(吉川弘文館)、『死者のゆくえ』(岩田書院)、『日本中世の国家と仏教』(吉川弘文館)、『ヒトガミ信仰の系譜』(岩田書院)、『死者の花嫁』(幻戯書房)他。

初出誌
本書は『月刊住職』(興山舎刊)の2018年9月号から2020年6月号までの連載をもとに加筆、編集したものです。

人は死んだらどこへ行けばいいのか
—現代の彼岸を歩く

2021年5月1日　第1刷発行
2024年8月15日　第3刷発行

著者© 佐藤 弘夫
発行者 矢澤 澄道
発行所 株式会社 興山舎
〒105-0012 東京都港区芝大門1-3-6
電話 03-5402-6601
振替 00190-7-77136
https://www.kohzansha.com/

印刷
製本 株式会社 上野印刷所

ISBN978-4-910408-02-6　C0015
定価はカバーに表示してあります。
落丁・乱丁本はお手数ですが、小社宛にお送りください。
送料小社負担にてお取り替えいたします。